数字经济与高质量发展丛书

国债可持续性的计量研究

杜永潇 ◎ 著

首都经济贸易大学出版社

Capital University of Economics and Business Press

· 北 京 ·

图书在版编目（CIP）数据

国债可持续性的计量研究 / 杜永潇著. -- 北京：
首都经济贸易大学出版社，2024. 9. -- ISBN 978-7
-5638-3750-2

Ⅰ. F812.51

中国国家版本馆 CIP 数据核字第 20246EM846 号

国债可持续性的计量研究

GUOZHAI KECHIXU XING DE JILIANG YANJIU

杜永潇　著

责任编辑	晓　地
封面设计	砚祥志远·激光照排　TEL: 010-65976003
出版发行	首都经济贸易大学出版社
地　　址	北京市朝阳区红庙（邮编 100026）
电　　话	（010）65976483　65065761　65071505（传真）
网　　址	http://www.sjmcb.com
E-mail	publish@cueb.edu.cn
经　　销	全国新华书店
照　　排	北京砚祥志远激光照排技术有限公司
印　　刷	北京九州迅驰传媒文化有限公司
成品尺寸	170 毫米×240 毫米　1/16
字　　数	145 千字
印　　张	9.75
版　　次	2024 年 9 月第 1 版　2024 年 9 月第 1 次印刷
书　　号	ISBN 978-7-5638-3750-2
定　　价	45.00 元

前　言

国债是以中央政府为债务主体，利用国家信用形成的一种特殊的债权债务关系。在现代经济中，国债不仅是中央政府重要的财政融资手段，更是实现宏观经济调控与金融管理的重要工具。中国自 1981 年恢复国债发行以来，国债规模经历了一个快速增长和膨胀的过程，特别是近几年积极财政政策的实施，国债规模呈现出日益扩大的趋势。欧洲主权债务危机的爆发，引起了社会各界对国债可持续问题的高度关注。可持续的国债是宏观经济增长的引擎，有利于实现经济的稳定增长；不可持续的国债则是宏观经济增长的桎梏，加剧宏观经济波动，招致财政和金融风险，甚至导致经济崩溃。国债可持续与否和政府财政偿付能力密切相关，当一国政府在一定财政预算盈余与债务约束下拥有足够的偿付能力，则认为债务是可持续的。因此，为了维持国家财政对国债的可支付性，维持国债的可持续发展，需要实现国债融资的内生增长。这具有重要的理论和现实意义。

同时，随着世界经济的稳步发展，人们物质生活水平得到提高，医疗条件逐步改善，人类寿命得以延长，生育率降低，加之"婴儿潮"一代人逐渐老去，人口结构向老龄化转变的现象变得十分突出。人口老龄化导致经济增长速度放缓，政府财政收入减少，出现大量的财政赤字。人口老龄化问题对于依靠"债务经济"模式发展，社会保障制度与经济发展水平错配的国家无疑是雪上加霜。为了维持财政开支的可持续性，各国政府会通过发行国债、借款等融资方式获取资金，政府债务越积越多，违约风险不断攀升，甚至无力对到期债务还本付息，引致政府债务危机。需要注意的是，人口结构老龄化对已经积累了大量政府债务的国家冲击影响更为显著，甚至经济稍有波动就会发生债务危机。因此，深入研究人口老龄化对政府债务风险的影响，不仅能够加深对人口老龄化问题的认识，而且有助于制定出正确的政府债务政策、养老金政策和生育政策。

本书基于国际比较研究，分析国债的可持续机制。

第一，在政府跨期预算约束条件下，通过对政府财政收支状况的分析，构造一个判断可持续债务的动态指标。在债务可持续度量指标构建过程中发现，债务、总赤字与通货膨胀率、经济增长率之间具有动态关系。这表明任何忽略具体宏观经济运行情况的静态趋同指标，都不适合直接用来指导一个国家的国债政策。对此指标进行分解，可以发现引起国债可持续波动的原因。实证检验发现，近年来，中国财政的基本盈余现值是引起国债可持续波动的重要原因，债务发行引起的波动相对较弱。

第二，研究国债的内生增长机制。在三部门内生经济增长模型下分析了国债、公共投资与经济增长之间的关系，研究表明，当政府以发行国债的方式为债务利息、公共消费与转移支付三类非生产性财政支出融资时，国债融资对经济增长的贡献不显著，国债存在不可持续风险。在满足一定约束条件下，国债融资以生产性的公共投资进行支出时，有利于提高均衡经济增长率，以此可以确保国债融资收益，在未来政府财政有足够的盈余对国债进行还本付息。因此，为了维持国债的可持续状态，需促进国债融资向公共投资的合理转化。

第三，研究国债资金的合理配置，以保证国债偿付有一个稳定、充裕的资金来源。建立包含公共投资的两部门内生增长模型，将公共投资分为公共物质资本投资和公共人力资本投资，研究发现，在私人物质资本边际产出率不变的条件下，人力资本投资与公共物质资本投资共同决定了长期经济增长率。人力资本投资对经济增长的贡献程度取决于人力资本的外部效应与人力资本边际产出率的大小，政府物质资本对经济增长的贡献程度取决于政府物质资本的边际生产率。实证检验发现，就中国经济发展的具体实践而言，公共物质资本投资对经济长期增长的贡献显著且短期经济效果明显，可为短期国债偿付提供资金保障；公共人力资本投资和公共科技资本投资对经济长期总产出也存在显著正影响，但作用效果存在滞后性。然而，不应以短期经济波动的视角评价公共人力资本投资与公共科技资本投资的经济效果。这两类公共投资在未来一定期限内均可实现劳动者素质与劳动生产率的提高，推动经济实现内生稳定增长，为长期国债偿付提供资金保障。

第四，研究国际资本市场对国债可持续性的影响。在跨期预算约束条件下，分析国家财政盈余与债务可持续的关系，以包括中国在内的 11 个新兴经济体国家为样本，采用基于截面相关假设的 PANIC 检验方法，检验代表全球资本市场冲击的公共因子与国家特质因子对债务可持续性的影响。研究结果表明，在考虑全球资本市场冲击影响下，新兴经济体样本国政府财政盈余与债务之间存在正相关关系，政府跨期预算约束发挥作用，样本国国债是可持续的；非平稳的公共因子是导致新兴经济体债务可持续波动的因素；特质因子是平稳的，表明样本国财政政策具有维持债务可持续的趋势。

第五，研究人口老龄化对政府债务风险的影响。基于政府债务可持续理论、人口数量与经济增长理论、人口年龄结构与经济增长理论的分析发现，人口结构转变对政府债务的影响机制有两种，一是通过影响政府财政直接对政府债务风险产生影响；二是人口数量与人口构成间通过经济水平间接影响政府债务风险。随着我国人口老龄化的加剧，将对政府债务规模和债务风险产生巨大压力，应及时推进相关制度改革，化解政府债务风险。

目录
CONTENTS

1 导论

1.1 问题的提出

近年来，政府负债率（债务余额/GDP）快速增长，根据财政部预算司统计，自 2017 年以来，其以年均 16.3%的速度增至 2022 年的 29.1%，债务问题已引起社会各界的高度关注。与此同时，我国人口结构持续呈现生育率下降与老年人口比率上升的老龄化现象，未富先老、快速老龄化和超大规模老年人口趋势特征显现（胡湛和彭希哲，2018；葛延风等，2020；蔡昉，2021；都阳和封永刚，2021）。国家统计局数据显示，2022 年末，我国已进入"人口负增长"时代，而且 60 岁及以上老年人口占总人口比率为 18.9%，预测"十四五"期间占比将超过 20%，进入中度老龄化阶段，2035 年左右占比将超过 30%，进入重度老龄化阶段。在此背景下，研究政府债务问题的理论和现实意义尤为重要。

国债是以中央政府为债务主体、利用国家信用形成的一种特殊的债权债务关系。在现代经济中，国债不仅是中央政府重要的财政融资手段，更是实现宏观经济调控与金融管理的重要工具，可用来弥补财政赤字，偿还已有债务，为国家经济建设提供资金来源，调节经济运行。近年来，随着中国积极财政政策的持续实施，财政赤字快速增长，债务规模持续攀升，在欧洲主权债务危机的阴影下，债务问题已引起社会各界的高度关注。

1.1.1 中国国债发展历程

中国自 1981 年恢复国债发行以来，国债规模经历了一个快速增长和膨胀的过程。从时间上看，中国国债规模变化可分为三个阶段：第一阶段 1981—1986 年，年平均发行额在 100 亿元以下；第二阶段 1987—1993 年，年平均发行额为 300 亿元左右；第三阶段 1994 年至今，1994 年国债发行额首次突破千亿元大关，随后国债发行量以近 30% 的速度大幅上升。中国国债规模阶段式上升的具体原因在于弥补财政赤字手段的根本转变。1981—1986 年，弥补财政赤字的手段除发行国债外还可以向中央银行透支，1987 年，国务院规定财政不得向中央银行透支，为了弥补日益增加的财政赤字，国债规模跃上了一个新的台阶，首次突破了 100 亿元。1994 年，国家正式确定了财政不得向中央银行透支或用银行借款弥补财政赤字的制度，至此，发债成了弥补财政赤字和债务还本付息的唯一手段，导致中央政府举债的第二次飙升。其间，受 1998 年亚洲金融危机的影响，中国国内总需求出现严重不足，为了扩大内需，刺激经济增长，中国开始实行积极的财政政策进行反周期调节。在抵御亚洲金融危机的过程中，国债作为政府宏观调控的重要工具，发挥了巨大作用，有效拉动了中国经济，使中国经济免受亚洲金融危机的重创。2007 年，美国发生金融危机，随后欧盟区爆发欧洲主权债务危机，导致全球经济持续低迷，世界经济不稳定因素增加。自 2019 年起，受疫情的影响，世界经济持续走低，且政府财政支出显著增加，为了使经济回暖，中国政府持续实施积极财政政策，增加预算赤字，扩大债务发行以刺激经济，维持经济的稳定增长，是近几年国债规模呈现跳跃式上升的一个主要原因。

然而，需要注意的是，国债政策的运用既可以产生积极影响，也可能带来消极影响。国债可持续是指一个国家把债务发行规模控制在满足某些约束条件的一定规模内，只要相对规模不会无限制地增加而是在一定范围内浮动，同时经济保持一定水平的增长，政府具备较强的国债偿还能力，不至于赖账，一国国债发行就被认为是可持续的。如果一国债务不可持续，未来某一时刻到期还本付息的国债偿还需要再次计入赤字，陷入"借新债还旧债"的恶性循环，那么该国在现有债务水平上，按此模式继续借债将导致政府资不抵债和无力支付，引发财政风险，产生债务危机。由此可见，可持续的国债政策是宏观经济增长的引擎，有利于实现经济的稳定增长，不可持续的国债政策则是宏观经济增长的桎梏，加剧宏观经济的波动，招致财政和金融风险，甚至导致经济崩溃。

根据理论经济学的分析，国债可持续与否和政府财政偿付能力密切相关，当宏观经济增长稳定，政府财政有充足的资金来源，此时财政拥有足够的偿付能力，则在一定财政预算盈余与债务约束下可以实现债务的可持续发展。国债融资的过程，实质上是政府向公众募集资金，把公众储蓄、社会剩余闲置资金转化为公共资本的过程。公共资本是指政府在公共部门的公共投资中形成的资本，国际研究表明，公共资本是决定经济增长和生产率的重要因素。政府通过发行债务，将社会闲置资金以公共资本的形式为经济增长注入活力，生产性公共资本在投资项目中充分发挥生产性，将获得的收益逐步偿还投资，实现以国债融资的"内生"收益还债，打破借新债还旧债"以债养债"的机制。因此，为了维持国家财政对国债的可支付性，维持国债的可持续发展，需要实现国债融资的内生增长。故而，在探讨国债可持续性问题时，国债、公共资本、经济内生增长之间的内在机理需要深入分析，国债可持续发展的内生机制研究具有重要的理论意义。

1.1.2　人口老龄化

与此同时，随着世界经济的稳步发展，人们物质生活水平的提高和医疗条件的改善，使得人类寿命得到延长、生育率降低，人口老龄化结构开始出现。目前，人口老龄化不单单只是一个人口年龄老化的趋势问题，已经上升为一个与国家的经济、政治、文化、人口规划等方面相关的实质性问题。人口老龄化会使经济增长速度下降，财政支出扩大，尤其是养老金财政支出增加，导致政府出现大量的财政赤字。

经济合作与发展组织（OECD）的数据显示，1970 年到 2022 年部分国家总生育率（15~49 岁妇女生育婴儿数）有较为明显的下降，同时，世界经济的发展为医疗卫生事业带来了福利，各个国家的医疗卫生投入加大，医疗条件得到很大的改善，使得人口的平均预期寿命延长，死亡率普遍降低。这种低出生率和低死亡率必然带来人口老龄化。在发达国家中，人口老龄化现象相当严重，已经给国家的经济、政治带来很大的负面影响。中国人口结构的转变可从 20 世纪 80 年代开始，当时中国实行"每对夫妇只能生育一个小孩"的生育政策。根据国家统计局数据，1970 年，中国的人口生育率和自然生育率分别为 33.43‰和 25.83‰，到 2022 年分别为 11.75‰和 4.92‰。该政策实施 40 多年以来，中国的人口生育率和自然生育率均出现了大幅度的下降，在很大程度上改变了中国的人口年龄结构。研究人员发现，2012 年我国劳动年龄人口首次出现下降，很多学者一致认为，中国的"人口红利"即将消失。据国家统计局数据显示，2022 年，我国人口总量达 14.11 亿人，其中少儿人口数量低于老年人口数量，分别为 2.4 亿人和 2.8 亿人，占人口总量的比例为 16.94%和 19.84%。2022 年，中国人口总和生育率 1.09，低于"低生育陷阱"规定的标准 1.3。从 2022 年最新统计数据（表 1.1）可以看出，60 周岁及以上老年人口数增加到了 28 004 万人，占总人口比重上升到了 19.84%。

表 1.1　2022 年末人口数及其构成

指标	年末数（万人）	比重（%）
全国总人口	141 175	100.00
其中：城镇	92 071	65.22
乡村	49 104	34.78
其中：男性	72 206	51.15
女性	68 969	48.85
其中：0~15 岁	25 615	18.14
16~59 岁	87 556	62.02
60 岁及以上	28 004	19.84
其中：65 岁以上	20 978	14.86

资料来源：2022 年民政部《2022 年度国家老龄事业发展公告》。

以上数据均表明，我国每年的新出生人口不断减少，老龄化进一步加剧，中国的人口年龄结构不断恶化，无疑会影响中国经济的健康发展，未来庞大的养老金支出将给政府带来巨大的财政压力。在这种人口压力背景下，中共中央审时度势，在 2016 年新年伊始，我国生育政策调整为"全面二孩"政策。而急需弥补的庞大养老金缺口，给政府财政带来了巨大压力。

为了维持财政开支的可持续性，各国政府会通过发行国债、借款等融资方式获取资金，债务越积越多，政府债务风险就会上升，甚至引发债务危机。从 2008 年以来的全球金融危机和欧洲债务危机看，人口老龄化是导致债务危机的重要因素，如希腊、葡萄牙、西班牙、意大利等国家，普遍存在人口老龄化问题。2009 年，希腊宣布由于具有大量的政府预算赤字，评级机构下调主权债务评级，借贷成本上升，爆发了主权债务危机。当时希腊 65 岁的老人比例占到 18.81%，公共养老金开支占 13.05%，一般政府债务占比达到 133.6%（经济合作与发展组织）。根据国际货币基金组织（IMF）的研究和预测，到 2050 年全球绝大多数发达国家，超过 20% 的 GDP 将会用于支付数额庞大的养老金。随着全球范围内人口老龄化问题越来越严峻，各国政府债务风险还会进一步上升。可见，人口老龄化对政府债务风险有着重要的影响。

2008 年爆发的欧洲主权债务危机，对欧盟区经济产生重创，甚至导致债务违约国家破产，时至 2015 年欧盟区仍未能实现经济的全面复苏。受欧洲主权债务危机的影响，2009 年全球经济陷入第二次世界大战以来最为严重的低迷期，复苏缓慢。欧洲主权债务危机影响力度之大，影响范围之广，持续时间之长，让社会各界开始重新审视债务政策，更加关注债务的可持续发展机制。同时可以发现，随着经济全球化的深入发展，世界各国的宏观经济受国际资本市场的影响越来越大，国债政策不再是一个孤立的经济范畴。综上所述，国家财政部门在通过发行国债拉动宏观经济增长，反周期调节经济运行时，需结合经济实际，谨慎考虑债务规模激增对财政造成的冲击，考虑来自全球资本市场的影响，加强对财政稳定性的监控，维持国债的可持续性发展。因此，关于债务可持续性研究具有重要的现实意义。

1.2 文献综述

1.2.1 债务可持续

债务可持续研究一直备受关注，由于研究视角的不同，学者关于债务可持续的定义也略有差异。其中，费雷特和拉辛（Ferrett and Razin，1996）从政府财政视角出发，认为如果政府财政在未来偿债期限内，在满足一定预算约束条件下，有足够的财政盈余对债务进行还本付息，同时有足够的资本采取必要的财政政策应对经济社会的剧烈波动，如公众忽然改变预期引起社会资金供需变动，那么这种财政政策就是可持续的。余永定（2000）认为，当政府为了弥补财政缺口发行政府债务后，在未来一定期限内有足够的资金维持债务的还本付息，不至于产生坏账甚至违约，则认为政府债务是可持续的。鲍恩（Bohn，2005）认为，政府债务可持续是指长期内政府债务占名义 GDP 的比重不会持续增长，并且如果经济增长和财政约束适当，政府债务占名义 GDP 的比重会长期维持在某一稳定水平，此时国债被认为是可持续的。

大量研究表明，债务违约风险主要来自两个方面，一是偿债能力，二是偿债意愿。偿债能力主要来自前文所述的财政实力，艾森曼等（Aizenman et al.，2013）使用财政空间指标估计了主权信用风险，尤其关注了西南部外围欧元区国家，动态面板估计显示，赤字、税收和其他宏观因素是主权风险的重要决定性因素。戈什等（Ghosh et al.，2013）以欧元区为研究对象，解释了财政空间和主权违约风险的传导机制。弗兰克和雷（Frank and Ley，2009）使用蒙特卡洛模拟构建了财政可持续性研究的新框架，通过分析负债率的结构性突变挖掘相应的违约信息。而在偿债意愿方面，恩德莱因等（Enderlein et al.，2012）指出，当主权债务危机爆发时，政府的强制性措施将起到决定性作用。米切纳和柳米尔（Mitchener and Weidenmier，2010）关注主权债务偿还和制裁机制，研究显示，对于债务违约者进行外部管制能够有效提高偿付率。在违约风险的衡量方面，早期研究多直接使用市场价格，如一级国债市场发行利率和国债到期收益率。由于基准利率存在差异性，且容易受到宏观因素的影响，不少学者在研究中引入了利差的思想。伴随着创新型金融工具的开发和衍生，主权信用违约互换（sovereign credit default swap，CDS）凭借其保险属性在近几年发展迅速，国外学者已经将其价差作为债务违约风险的重要指标，其中以5年期主权信用违约互换最为常用。2008年金融危机后欧洲国家的主权信用违约互换合约价格随着国家债务规模的上升而明显升高；2011—2012年以西班牙、希腊和意大利为首的南欧国家主权信用违约互换再次飙升。利用主权信用违约互换作为经济基本面分析的补充，一方面改善了宏观数据更新速度慢的弊端，另一方面为衡量缺乏可靠宏观数据的发展中国家政府债务违约风险提供了有力的市场化工具。

在国债可持续性分析方面，国内外相关文献可分为三类。

（1）常规指标分析法

早期关于债务风险的研究多采用此方法，即将一国实际债务指标值与经验指标值进行对比，如果实际债务指标值低于经验指标值，则认为债务不存在风险，不需要调整政策；如果实际指标值高于经验指标值，则认为政府将存在财政风险，需要调整政策。其中，衡量债务规模的指标主要有国债负担率（国债余额/国内生产总值）、借债率（当年国债发行额/国内生产总值）、国债依存度（当年国债发行额/财政支出）、偿债率（还本付息额/财政收入）。经验指标值则多采用欧盟在《欧洲经济与货币联盟条约》所确定的3%赤字率（赤字/国内生产总值）和60%债务率（国债余额/国内生产总值），以此作为界定财政赤字与债务规模安全与否的分界线，带有很强的区域特性和政治妥协性。国内外学者对双警戒线作为判断一国财政可持续性的标准提出质疑，以此警戒线作为中国经济实践的指导标准更不具说服力（贾康和赵全厚，2000；刘迎秋，2001；罗云毅，

2002；张军和厉大业，2011；吕冰洋等，2024）。在经济运行过程中，债务本身具有动态性，也使得作为静态对比分析常用到的"国际警戒线"标准存在失效的尴尬（Mendoza and Oviedo，2009），特别是在针对不同经济体的研究中，学者们越来越难以形成共识，即使在欧盟内部执行过程中，依然存在着相当的弹性和不均衡现象。中国政府债务与西方发达经济体政府债务没有直接可比性，原因主要在于债务统计口径的差异。在西方发达经济体中，政府财政债务等于公共债务，所以可用一国财政债务比国内生产总值衡量债务风险。

中国由于政府、银行、企业"三位一体"特殊经济结构的原因，存在大量隐性债务（主要是银行不良资产和养老金债务）和逾期债务，统计出的政府债务规模远小于实际公共债务规模，单一指标不能完全反映实际债务的风险问题，在这种情况下，如果用单一片面的指标衡量会低估政府负债率，高估政府债务可持续性，威胁财政安全（张春霖，2000；卢文鹏和尹晨，2004；丛树海等，2005；高培勇，2006；郭玉清，2011；毛捷和马光荣，2022）。

指标分析法进一步的研究是借鉴《马斯特里赫特条约》制定的赤字率与债务率的方法，该方法充分考虑财政体制内和财政体制外的风险要素，附以统计、计量方法设定一套指标体系，将债务的单一指标值转化为综合指标值来判断债务风险。有些学者用国家综合负债率（国家综合负债与名义国内生产总值的比率）综合指标衡量债务风险（樊纲，1999；刘尚希，2003；刘尚希，2005；孙涛和张晓晶，2007；刘哲希等，2022）；另有一些学者建立债务危机预警系统，根据历史数据预测债务危机（裴育，2003；丛树海等，2005；郭玉清，2011；李丹和方红生，2021）。从目前理论与实证研究文献看，此类研究的技术分析方法分为静态统计技术和动态技术两类，基于静态统计技术有判别分析、Logit 模型、Probit 模型，基于动态分析的主要有多元累积和模型（林伯强，2002）。

就已有理论与实证研究文献看，国债可持续的常规指标分析法可根据历史数据对已发生的债务问题进行合理解释，在一定程度上反映了债务风险的历史变化规律，但大部分指标为静态对比分析，难以通过动态视角追踪债务问题的变动趋势，对于债务风险缺少预测性，不可用作规避债务风险的实践指导标准。同时，由于常规指标分析方法缺乏经济理论支撑，不能挖掘国债不可持续风险的来源。关于评估国债可持续性问题，一些学者提出应该在经济学理论框架下，确立一个具有可操作性的动态分析框架（马拴友等，2006；杜彤伟等，2020）。

（2）在理论经济学框架内讨论可持续债务的评定标准

债务可持续与政府财政偿付能力相关，当一国政府在一定财政预算盈余与公共债务约束下拥有足够的偿付能力，则认为债务是可持续的。政府预算约束是研究政府债务问题的理论基石，可概括为三方面的内容：非旁氏博弈条件、债务有界理论和政府跨期预算约束（Greiner et al.，2007）。其中，非旁氏博弈条件要求政府在未来某时刻必须偿还所有债务，排除政府借新债还旧债的可能；债务有界理论认为，长期债务有界是政府有偿付能力的充分条件，只有当政府长期债务有界时，政府财政才有能力偿还债务；政府跨期预算约束要求政府长期债务的现值收敛于零，此时初始债务规模与未来基本预算盈余现值之和相等，意味着财政盈余折现现值总和可以偿还债务本金及利息。跨期预算约束模型（intertemporal budget constraint，IBC）作为新古典偿债能力方法的理论应用最为广泛，该理论框架的基本思想是预算盈余的现值必须等于政府未清偿债务的当前值。目前，大部分学者对政府债务可持续性的判断研究是基于上述政府预算约束展开的，存在两种方法：一是检验政府财政收入与财政支出之间的平稳性，当政府满足跨期预算约束时，财政收入与财政支出之间如果存在协整关系，则认为债务是可持续的（郭庆旺等，2003；周茂荣和骆传朋，2007；郭庆旺，2019）。鲍恩（Bohn，2005）在前人研究的基础上，对IBC框架进行了扩展，加入了国债时间序列的平稳性检验，通过检验政府预算盈余对国债增加的反应判断政府债务是否可持续。二是稳定性检验，当经济维持在适度增长水平，同时政府财政约束适当，长期内政府债务占名义GDP比重不会持续增加，而是趋于某一稳定水平，此时债务是可持续的（马拴友，2001；潘宏胜，2010）。当经济波动，债务负担率偏离稳定状态时，经济体中的经济变量发挥适配器的作用，调节财政状况最终趋于稳定状态，在这种情况下，债务也是可持续的（马拴友等，2006）。

基于这一研究范式的文献，以理论经济学作为支撑，在政府跨期预算约束条件下，检验政府预算盈余现值与政府未清偿债务之间的关系，是一种基于政府偿债能力的分析。鲍恩（Bohn，2007）对用平稳性检验或协整检验判断财政可持续的合理性提出质疑，并证述，当样本序列时间跨度趋于无穷大时，横截性条件永远满足，政府跨期预算约束总是成立的。鲍恩认为，若要政府跨期预算约束发挥作用，应检验政府基本盈余与债务水平之间的关系，如果政府盈余与债务之间存在正相关关系，即期债务规模增加，政府盈余也会增加，则表明为了维持扩大了的债务规模，政府部门在对未来期财政做预算时需增加基本盈余，意味着跨期预算约束发挥制约政府债务行为的作用，债务可实现持续发展。

（3）在理论经济学框架内分析国债可持续的实现机理

烧田党（Yakita，2008）建立了包含公共资本的世代交叠模型，论证公共资本形成在维持债务可持续性中的重要作用。陈建奇和张原（2010）通过美联储资产负债表与公共部门的预算恒等式，构建了政府债务持续性与宏观经济指标的理论分析框架。潘宏胜（2010）结合实体经济复苏状况、实际利率、财政的收支，以及金融危机最终成本等方面因素，分析影响债务可持续的内在因素，引入公共部门偿债能力的会计方法，结合资产负债表，将债务可持续性问题与经济增长率、实际利率和通货膨胀率等宏观经济指标联系在一起，测算可行的赤字水平。格雷纳（Greiner，2012）在政府维持预算平衡和长期赤字两种情况下，基于内生增长模型分析可持续性债务、公共资本和经济增长率之间的关系，研究发现，累积债务余额对债务可持续性有着重要影响。竹内（Takeuchi，2010）突破了传统的IBC框架，将马尔科夫转换、单位根检验法用于债务流量分析。判断债务是否可持续不是单纯通过控制一个国家的债务发行规模实现，只要经济保持着较高水平的增长，即实际经济增长率大于国债实际利率，政府具备较强的国债偿还能力，在一定条件下，一国发行较高的债务也是可持续的。

简单讲，国债发行的可持续性要以经济增长作为基础。国债内生化程度的实现是维持国债可持续的关键。格雷纳（Greiner，2012）验证当债务融资形成公共资本，公共资本内生化，弥补经济发展资金缺口，提高生产率，进而可以维持债务的可持续性。波利托（Polito，2012）基于政府现值预算约束，建立了一个基于模型的财政政策指标判断债务的可持续性。阿方索（Afonso，2013）用155个发达国家、新兴国家和发展中国家的面板数据，判断负债率与总要素生产力之间的相互影响，实证研究国债内生化的过程，发现债务与经济增长的关系：对于负债率在90%以上的国家，债务每增加10%经济增长率减少0.2%；对于负债率在30%以下的国家，债务每增加10%经济增长率增加0.1%。梁琪和郝毅（2019）通过构建一般均衡模型，研究发现，经济增速放缓是导致我国政府债务不可持续的重要因素。

基于这一研究范式的文献，分析了经济增长与国债可持续性的关系，但就内生性角度分析国债可持续性的研究还有待进一步推进。国债的可持续发展以经济增长为基础，只有当国债融资实现内生增长，经济增长率维持在一定水平之上，此时政府财政有充足盈余对现有国债规模还本付息，实现国债的内生偿还。因此，国债内生化程度是维持国债可持续的关键，为实现国债内生偿还机制，有必要在宏观层面重新梳理并分析国债内生化机理，进一步挖掘国债可持续性、公共资本与经济内生增长之间的关系，以期为现实对策提供理论依据。

1.2.2　人口老龄化对债务可持续的影响

随着金融危机和欧洲主权债务危机的爆发，众多国内外学者针对政府债务危机的影响因素进行了具体的分析，不少学者认为，人口老龄化是导致政府债务危机发生的重要因素，其实质就是人口老龄化导致财政不可持续而引发的债务危机。尤其对于债务累积规模原本就很高的国家来讲，老龄化带来的冲击效果更为显著。因此，很多学者一致认为，人口老龄化是影响政府债务风险的重要因素（Ghosh et al.，2013；黄晓薇等，2017；陈小亮等，2020；朱德云和王素芬，2021；竹志奇等，2022）。

国外学者侧重于研究人口老龄化对财政可持续性的影响。法鲁和米尤森雷特（Fnruqee and Mühleisen，2003）使用生命周期理论，在年龄收入分布的总储蓄模型基础上，估算了2002年日本日益严峻的人口老龄化给政府财政带来的影响，人口老龄化必然带来养老、医疗费用的急剧上升，增加政府赤字。同时对当前日本的财政政策选择实施方面进行了分析，日本债务的整合以及社会保障体系是一个长期拖累政府财政的问题，不管采取积极的还是稳健的财政政策，都会带来政府财政的可持续风险。李和爱德华兹（Lee and Edwards，2002）研究美国人口老龄化的财政影响后认为，人口老龄化会对美国的财政带来严重后果，随着老年抚养比的上升，人口老龄化会提高支出占国内生产总值的比例，几乎所有的增加主要是老年人的项目，包括老年人的医疗保健成本和养老金支出。瓦尔科宁（Valkonen，2008）通过财政可持续性研究芬兰的公共部门，认为当前利率不能产生足够的税收和人口老龄化的公共财政支出，调整养老金制度同时引入名义账户制养老金（NDC）会减少预期问题，缩小可持续性缺口。

国内学者郑秉文（2011）在"老龄化成本"的广义含义中指出，经济增长减缓、财政收入减少、公共支出增加是老龄化趋势带来的三个潜在风险。欧洲养老金体系存在的养老金替代率过高、待遇率严重失衡、养老金财富总值超出支付能力等问题提升了老龄化的财务成本，使政府财政不堪重负，老龄化成为欧洲债务危机的隐性诱因。同时指出，养老水平不能超越经济发展，避免出现希腊等国家在经济繁荣时过度提高福利水平，经济萧条时为了维持社保制度的一致性付出的沉重代价。瞿旭等（2012）认为，虽然财政规则失灵是欧洲主权债务危机的重要原因，但人口结构的变化致使养老金支出翻了一番，加重了政府负担，严重影响政府财政可持续性，加深了欧元区债务危机的程度。鲁全（2012）以希腊为例研究主权债务危机，最终认为人口老龄化背景下，养老金支出增加难以避免，如果能够保持经济的持续与稳定发展，那么国家财政会为养老金开支提供充足的资源支撑，避免主权债务危机的发生。司明、孙大超（2013）使用贝叶斯模型平均方法对发达国家主权债务危机的成因进行了分析，认为失业率、预算收入占 GDP 的比、开放度、实际 GDP 的增长率、老年人口占总人口的比重以及表示金融危机的虚拟变量都是影响主权债务杠杆率的主要因素，杠杆率的主权边际效应指数显示，发达国家债务负担有增加的趋势，确实是越来越多的老年人口造成的。该结论正好与坎德勒、帕姆（2010）的观点不谋而合：欧元区国家的高福利模式和人口老龄化所产生的支出水平，加上其他因素的影响最终引爆主权债务危机。马宇、王群利（2015）通过动态面板模型分析人口老龄化对政府债务风险的影响发现，人口老龄化是导致政府债务风险攀升的重要因素之一，人口老龄化程度越高，政府债务风险越高。黄晓薇等（2017）基于世代交叠模型推导出人口老龄化对债务风险的内在影响机制，人口老龄化不仅会降低潜在劳动供给量，不利于经济增长，也会增加养老金和医疗保障的负担，给国家财政带来巨大压力，导致政府偿债能力下降，增加主权债务风险；并用"欧猪五国"和北欧四国的样本数据验证了老龄化对债务风险的显著性影响。陈小亮等（2020）研究发现，老龄化通过两条机制对中国政府债务产生了较为不利的影响，一是增加财政养老支出、减少财政收入，二是降低经济增速。

根据已有文献，人口结构转变主要通过对总产出水平的影响间接影响政府债务风险。然而，需要指出的是，老龄化对经济的影响并没有形成一致的结论，一般认为，老龄化会导致抚养比的上升、劳动力短缺、劳动力结构老化、社会保障负担加重。这些问题对经济增长将造成负面影响。具体看，主要有三种论点。

第一，关于人口老龄化对经济增长产生的消极影响。

马森和特赖恩（Masson and Tryon，1990）运用全球化经济模型综合评测人口老龄化的影响，得出人口老龄化会消费更多的可支配收入，要求更高的政府支出，同时降低劳动力供应量，这些影响会提高实际利率，降低资本投资和产出。卡特勒等（Cutler et al.，1990）认为，人口老龄化将会使投资率下降 3~4 个百分点，但劳动力供给的减少对经济增长率具有不确定性的影响，因为在时间和速率上，老龄化的国际性差异引起的资本跨国流动将起到一定的抵消作用。特纳（Turner，1998）利用 Mini Link 数据模型，使用经济合作与发展组织成员国的数据，模拟了人口老龄化后的全球效应，结果是造成劳动力供给降低，推测到 2030 年发达国家的经济增长将呈现年均下降趋势。林德和马尔姆贝格（Lindh and Malmberg，1999）认为，人力资本影响经济增长，而年龄结构变化会强化此效应，文中用1950—1990 年经济合作与发展组织的数据进行验证，结果表明，50~64 岁年龄段有着积极影响，高于 65 岁年龄段有着负面影响，而年轻的年龄组有模糊的影响。

富热尔和梅雷特（Fougere and Merette，1999）用世代交叠模型，研究了七个经济合作与发展组织国家人口老龄化的经济影响，结果发现，在内生增长模型中引入人力资本和物质资本，老龄化对长期经济增长的效应非常显著。人口老龄化会吸引人力资本的投资，促进经济的发展。布鲁姆（Bloom，2011）的观点是人口老龄化对经济的负面影响可以被一系列的因素中和。一方面，对于经济合作与发展组织的国家而言，预期的人口寿命延长会使社会的平均储蓄率增加，同时，随着社会的发展，妇女参加工作的人数也会增加，此外，引进发展中国家劳动力，也缓解了发达国家老龄化的问题；另一方面，对于非经合组织国家，由于较低的生育率，以后的人口抚养比有所下降，会弥补老龄化的负面经济影响。安和钱（An and Jeam，2006）的研究结果显示，经济发展的增长与人口老龄化进程之间经历着先下降、平缓后逐渐上升的过程，存在着倒 "U 形" 的关系。姜向群和杜鹏（2000）等根据预测信息并与经济要素分析相联系，从当前和未来人口老龄化对劳动抚养比、劳动力资源供给、退休金和社会消费量等方面进行探讨，得出人口老龄化将有助于提高未来消费水平的结论。贺菊煌（2003）运用一个迭代模型，在生命周期理论基础上对中国养老金体系进行深入调查，论证了人口结构不断老化，使得居民储蓄率上升，削弱了经济发展的物质性基础。刘永平和陆铭（2008）从家庭养老出发，认为人口老龄化的程度会带来教育投资率上升，储蓄率下降，并非对经济增长率下降造成必然的影响，这种影响取决于老化系数的确定、资本的产出弹性和其他相关参数。刘生龙和郭炜隆（2013）使用数据分析人口老龄化对某些国家的经济影响，得出人口老龄化对经济增长具有负效应，并在论证时控制了预期寿命这一因素，认为预期寿命延长对经济增长产生了积极的正效应。陈彦斌（2019）等基于历史和国际经验比较，在动态一般均衡模型下，探索了老龄化对经济增长的不利影响。

第二，养老金的隐性债务。

目前，由于世界各经济体养老金的隐性债务很严重，在现收现付制度下，养老金隐性债务更是突出。养老金隐性债务包含两个主体，一方面是付给退休人员的养老金；另一方面是在职的职工享有的养老金权利现值。现收现付下，养老金隐性债务是指对在职劳动者和退休职工养老金的一种承诺。总债务相当于养老金体制立即终止的养老金必须支付的现值，同时支付在职职工的养老金权益的现有和未来付款的现值。养老金隐性债务的具体计算方法可以分为累计支付（ABO）和预计支付（PBO），差别在于累计支付为基于现有的工资水平下进行计算，而预计支付是基于预期的工资增长率计算，两种计算方法，以预计支付计算的养老金隐性债务大于累计支付计算的数值。

国内外学者对中国的养老金问题进行了研究。王晓军（2001）通过模型分析指出，中国的折现率为4个百分点，退休工资的调整率在50个百分点的情况下，1996年，养老金的隐性债务为3.67万亿元，占GDP比重达54%。何平（2001）使用估计方法估算养老金负债，得到的结果为5.72万亿元，以精算模型，得到2004年我国养老金的隐性债务总额为5.4万亿元至14.5万亿元。贾康等（2007）预测，从2007年之后的35年中，中国养老金隐性债务会逐渐下降。其中2007年隐性债务的规模最大，为1.08万亿元。到2042年，中国养老保险的隐性债将会完全消失。目前，国家正在商议延迟退休年龄，如果在2015年男性达到65岁的法定退休年龄，债务支出将有较大程度的降低。2015年当年就减少38亿元，比未调整之前下降13.5%。

第三，人口结构转变对养老金制度及改革的影响。

　　李敏和张成（2010）根据人口结构理论，利用 Cobb-Douglas 生产函数，通过养老金支出模型，计算合理的养老金支出水平。郑秉文（2011）指出，从广义讲，老龄化成本包含经济增长速度的减缓、财政收入额度的下降、公共财政支出额的增加。狭义含义的老龄化成本，包括公共养老金支出、医疗费用支出、长期照护支出、教育支出和失业保险支出。其中，最主要的是养老金支出。张士斌等（2012）提出了日本人均养老金支出（包括养老金支出、医疗支出、老年员工的保险费和老年人社会福利等项目）从 1985 年到 2009 年增加了 2.5 倍，养老金支出占国内生产总值的比例已上升到 14.5%，日本老龄化成本增长异常迅速。张舒英（2013）指出，日本老年人的养老费用比例增长了 45%（养老费用与社会保障缴费的比）。

　　目前大部分国家都实行现收现付的国家养老金制度和社会保障税制度，支出巨大，财政入不敷出，引起不少学者对国家现存的养老金制度的深刻反思。巴尔（2003）认为，在现收现付制下，人口老龄化将引起在职职工人数减少，社会总产量下降，从而减少了养老金缴存金额，因此会出现支付危机；若采取基金积累制，表面上看，人口老龄化对养老金的减少不起作用，但老年人口可得的产品数量相对减少，实际上，基金积累与现收现付两者的本质一样。葛劲峰（2003）认为，在近几年关于养老保险制度的改革中，人们夸大了从现收现付制向基金制过渡的好处。程永宏（2005）使用中国 2000 年第五次人口普查数据，通过建立养老负担理论模型研究认为，只要产出增长率保持在一定的合理水平，现收现付制度就不会发生支付危机。武亚兰和王哲（2008）指出，根据日本少子化和老龄化速度，养老金融资越来越困难，日本政府试图以提高退休年龄的方式改变养老金的支付，但是并未从根本上解决问题。吴国起和韩玲慧（2011）指出，在人口老龄化严峻的背景下，养老金现收现付制度必然给财政带来巨大压力，再加上劳动参与率的下降，一方面会降低养老金的收入，另一方面将会增加养老金的支出。张士斌和黎源（2011）从公共养老金替代率的分析入手，认为较高的养老金替代率实际上反映了代际负担是不可持续的，随着人口老龄化的影响和经济增长放缓，欧洲国家刚性的养老金替代率必然会引起养老金的财政赤字问题，使国家面临债务危机，所以合适的养老金替代率的确定至关重要。郑秉文（2012）使用希腊数据，分析欧洲养老金制度的不足，希腊的养老金替代率太高，几乎超越了世界上的任何其他国家。希腊的养老金财富已达到国家人均个人收入的 15 倍，在经合组织的国家中位列第四；希腊的私人养老金普遍缺乏，养老金待遇率严重失衡；这些缺陷提升了老龄化成本。岳薇薇（2012），从养老金的运行参数出发，通过研究发现，退休职工的养老金替代率的值、工人的人数都会影响政府债务规模；从养老保险制度设计的角度看，经营成本高、效益好、个人支柱系统缺陷都使政府财政面临严重的困难。杨娟（2012）认为，人口老龄化和非可持续的养老金制度的危机是最根本的驱动年金改革的动力。她将欧洲养老金系统分为两个模型：俾斯麦模型和贝弗里奇模型。前者以养老金制度为主要特征，后者以多支柱养老金制度为主要特征。随着欧洲国家人口老龄化形势越来越严峻，维护公共养老金制度的可持续性，保证老年人的生活质量，欧洲各国政府都面临着养老保险制度改革的压力。黄晓薇等（2017）在世代交叠模型分析框架下，研究了人口老龄化影响债务风险等的内在机理，认为人口老龄化是影响债务风险的重要因素。

总体讲，研究综述可以概括为两方面。

一是人口结构老龄化通过政府财政对政府债务风险产生影响。人口老龄化带来的老龄化成本是财政支出的一大部分。财政收入入不敷出，财政支出随着人口老龄化程度的加重越来越大，政府不得不举债，债务总额越积越多，债务风险增大，甚至引起政府债务危机的暴发。不论是从财政可持续性还是政府债务危机成因进行研究，其实质都是围绕财政支出的行为，从保证政府财政可持续性的角度分析。

二是人口结构老龄化通过对经济增长的影响及养老金配置来源对政府债务风险产生影响。从经济增长角度看，大部分学者一致赞同人口老龄化对经济增长会产生消极的影响。人口老龄化会带来经济增长速度的下降，其中，消费、储蓄、劳动力市场都会受到很大的影响，在此基础上，会给国家财政带来很大的压力，引起财政收入锐减，再加上部分欧元区国家的高福利政策，财政支出巨大，从而加大政府债务风险。养老金隐性债务总量的增大，标志着政府债务风险加大。养老金隐性债务加剧的缘由是国家现存的养老金制度，目前的养老金制度，必然引起国家财政吃紧，债务风险加剧。从养老金制度及改革角度看，目前的养老金体制存在很大的弊端，如养老金替代率高和制度单一等。所以，在人口老龄化的背景下，对现存的养老金制度进行改革有着重大而深远的意义。

2 债务理论与方法

2.1 概念界定

2.1.1 政府债务

西方经济学中，国债与公债的概念有严格的区别。国债指中央政府发行的债券；公债包括国债，统指所有公共部门发行的债券，债券种类包括中央公债、地方公债和公共部门公债，其发债主体分别为中央政府、地方政府和公共部门。政府以其信用作为担保，以税收收入作为偿债资金保障，一般情况下不会产生违约行为，因此，国债有良好的安全性与流动性。

中国现阶段，并不区分国债与公债，而是将政府债务统称为国债。这是由于中国预算管理体制的特殊性所致，在当前中国地方政府财政预算并没有取得实质独立，国家财政在做财政预算时，仍然将地方财政作为国家财政的组成成分。尤其近几年来，为防止债务问题的进一步复杂化，中央政府严格控制公债数量，并没有完全授予地方政府自由发行债券的权力，地方政府弥补财政赤字所用国债资金的很大比重都不是自行发债融资，而是中央政府通过中央政府债券转贷而来，与中央政府债券数量做对比，地方公债数量并不多。因此，中国对政府债务统称为国债，并不与公债做明确区分。国债和其他形式债券的区别主要表现在预算管理机制的不同，以及流动性的差异，当分析二者与宏观经济的关系时，并没有显著区别，因此用国债概念置换公债，对于一般性的结论不会产生影响。同时需要说明的是，近几年来，随着国家对金融经济运行调节力度的逐渐加强，政策性金融债券越来越多，但政策性金融债券也以中央政府信用作为担保，属于国债范畴。本书在以下讨论分析中没有将政策性金融债券与国债进行细分。另外，本书研究目的为检验中国国债的内生可持续性运行机制，旨在指导中国国债可持续运行实践，为制定宏观经济政策提供理论依据，因此，对政府债务均采用国债的称谓。同时，为了保持研究的一致性，在叙述与分析西方财政理论时，仍然使用了国债而非公债的概念。

根据本书分析需要，有必要对国债性质做出说明。理论界就国债发行目的存在争议，但理论上一般认为，政府实施国债政策有两种目的，即弥补财政赤字和获得财政收入。如果将国债功能唯一界定为弥补财政赤字的手段，从国债发展历程看，缺少合理性，因为无论国家处于经济发展的特殊阶段还是平常状态，国债都一直存在。因此，有必要将国债看作现代财政制度的重要组成成分，国债与税收一样发挥着不可替代的重要作用。国债与税收同为公共财政收入的重要来源，但二者仍然有明显不同。根据政府财政的运行逻辑，政府财政包括财政支出与财政收入。政府的财政支出受政府职能的影响，政府在国家经济运行中扮演的角色以及发挥的作用，决定了政府财政支出的规模。政府的财政收入由政府财政部门决定，在政府财政预算框架内，为了维持政府财政收支的均衡，需要稳定的资金来源维持政府的财政收入。税收因为其稳定性与无偿性，一直是政府财政收入的稳定资金来源。但是，随着政府职能范围的扩大，财政支出也不断增加，政府财政收入不足以覆盖日益增加的财政支出，财政缺口不断扩大，因此，政府很难单一地依赖税收平衡预算。政府转向国债融资弥补财政赤字，最终导致国债相对规模的迅速攀升。政府活动的扩张，国债政策的频繁实施引起了学者对这种现象的关注，其中，瓦格纳、皮库克和威斯曼、马斯格雷夫和罗斯托等都对这一现象进行了理论阐述。

根据中国的实践，在统计上，国债收入曾一度被列为财政收入。中国从20世纪50年代开始学习并使用苏联的国民经济统计方法——物质生产平衡表体系，自 1992 年起开始实施"新国民经济核算体系"方案，到 1995 年基本完成向新国民经济核算体系的过渡。在这个核算体系中，国债发行收入不再列为财政收入，而是作为政府赤字融资的工具。中国在 1994 年以前，除 1950 年、1981 年和 1989 年国债收入明确是用来弥补财政赤字之外，其余多数年份国债收入一直作为财政收入的组成部分。

统计方式并没有改变政府发债的目的，国债不仅是政府弥补财政赤字的工具，还是政府财政收入的重要来源。在信用货币制度中，政府的收入有四种形式：税收收入、资本性收入、货币发行收入和债务收入。税收收入仍然是政府经常性收入①的主体。资本性收入来源于政府的投资收入，如国有企业收入、股权收入，在国民账户（System of National Accounts，SNA）体系中，资本性收入是资本性投资的资金来源，但在市场经济国家，政府的资本性收入很少，并不构成政府资金来源的主要渠道。信用货币制度下由于货币发行权属于国家，货币发行收入自然就构成政府的一项重要收入。这是很多国家曾经用中央银行贷款弥补财政赤字的基础。但这样做的结果有可能导致政府滥用货币发行权，引致通货膨胀，所以大多数国家（包括中国）都立法规定中央银行不得对财政借款透支或直接购买国债，但允许中央银行在二级市场上进行公开市场操作。这实际上是通过国债交易市场在货币发行和通货膨胀之间建立了一道防火墙，同时，也为财政获得货币发行收入建立了一个通道。因此，税收和政府债务收入成为政府财政收入的主要来源。国债作为一个历史范畴，其性质和职能是动态发展的。无论从国债与政府财政收支的逻辑关系方面，还是历史实践方面，既考虑国债与财政赤字的关系，又考虑国债作为有偿性财政收入的性质，有利于国债政策（财政政策）的长期稳定，更有利于国债作用的发挥。

政府债务收入的性质影响国债政策的制定，对于国债政策在宏观经济运行中发挥的作用有重要参考价值。如果政府债务只发挥弥补财政赤字的作用，那么国债政策对经济的影响就不具有持续意义，不会从本质上改变

---

① 政府经常性收入除税收外还包括收费和捐赠。

经济运行。审慎原则认为，平衡预算是最理想的预算，消除财政赤字进而消除政府债务是政府预算的最高境界。如果政府债务发挥金融性职能，则政府债务对经济的影响就是长期可持续的，国债由短期辅助性工具变为长期持续性政策，此时国债政策的制定与执行，以及完善国债市场的制度就会显得尤为重要。经济学家们对国债政策历来是褒贬不一的。实际上，任何一项经济政策在促进增长提供福利的同时，都有对社会不利的一面，国债政策亦如此。但是每在重大历史关头，国家面临危机时，政府能够运用的经济政策中一定有国债政策。

随着国债性质与职能的完善，近几年，国债实践发生了很大变化。

首先，国债规模急剧扩大，政府预算对国债的依赖性增强。财政预算对国债的依存度不断加强，说明在现代经济中，国债制度已经构成财政制度的一个重要组成部分，而不再只是一个辅助性、临时性的工具，因此，有必要加强对国债理论做进一步研究，以完善国债管理技术。这对于国债政策的制定以及国家宏观经济的运行具有重要的理论与实践意义。

其次，国债调控宏观经济运行的能力逐渐加强。当国债发展到一定规模，国债不再仅是政府财政的工具变量，更是影响宏观经济运行的重要因素。国债在弥补财政缺口的同时，发挥调控宏观经济运行的作用，影响国内外投资结构、国内总需求，甚至引导国际资本流动的方向。斯蒂格利茨就是运用国债理论解释了美国的"双赤字"现象，指出正是由于美元国债的发行引起国际资本流动，导致利率和汇率的变动，并进一步加剧国际收支失衡，大量资本流入美国，还引起了美日之间的贸易摩擦。国债对其他宏观经济变量的影响主要表现在：如果债务中性不成立，国债规模增加将刺激消费，扩大需求；如果不产生排挤效应，国债投资将扩大投资需求，刺激经济增长；如果存在债务货币化，国债发行增加将扩大货币供给，可能引发通货膨胀；政府债务有可能导致资本在国家间流动，并通过汇率和价格机制引起利益在不同国家的重新分配。

与此同时，政府逐渐加强国债调控宏观经济的职能。根据国债对社会总需求的影响以及经济效应，国债政策以及以国债为支撑的财政政策，都被政府用来调控宏观经济。其中，政府财政运营过程中，经常通过灵活发行债务实施多变的财政政策。当宏观经济进入经济周期的波谷，政府通过减少国债发行量，向市场注入资本活力，达到拉动经济增长的效果；当宏观经济运行过热时，政府通过增发国债，吸纳社会资金，影响社会总需求，实现控制宏观经济的效果。

另外，国债市场地位加强，国债金融性日益凸显。国债金融性凸显和国债地位的加强，主要表现为国债持有者的多元化发展，尤其随着国债市场的完善与发展，国债交易已占据债券市场交易的重要席位，国债不仅成为金融机构的投资工具，也逐渐成为社会民众的生息资产；越来越多的金融产品将国债利率作为基准利率，同时国债市场开始为股票市场提供流动性支持，为资本市场的参与者提供利率风险管理机制；国债市场连接资本市场和货币市场，是连接证券市场与货币资金市场的重要纽带；国债市场是中央银行进行公开市场操作，为货币政策目标有效传导提供的渠道。

国债财政金融的双重性质日益明显，国债市场已成为财政政策与货币政策的融通市场。为了有力执行货币政策，中央银行经常在国债市场上进行公开操作，使国债成为中央银行的主要政策工具。国债市场上参与的机构众多、交易活跃、债券流动性强。中央银行为了调整市场利率，实现货币供应总量的调整，以及货币资产的结构，经常在国债市场上采取买卖国债的政策。反过来，中央银行的政策操作也制约着国债的发行和流通。这都表明在现代经济中，国债政策在宏观调控中发挥的作用日益加大，地位逐渐提高，国债政策已超越财政范畴。国债政策的制定既要满足政府的预算需要，又要考虑到国家经济发展的要求，同时还要满足货币政策和金融市场对国债市场流动性的要求。国债财政金融的双重性质使国债政策在宏观经济调控中具有极其重要的意义。

2.1.2 债务可持续性

国债政策作为一种特殊的公共政策体系，被用来弥补财政赤字，为其他资本性支出融资。中央政府为了发挥扩大的政府职能，以自身信用为担保，承诺在未来期限内对债权人还本付息，是一种较为灵活的公共财政政策。国债政策由发行政策、利率政策、交易政策以及管理政策组成，由此可见，国债政策不是孤立的问题，国债的可持续性研究也与上述政策存在较大关联。本节根据研究需要，考虑国债发行规模与政策效应研究国债的可持续性问题。

可持续性（sustainability）源自拉丁语，有继续下去、可以支撑或者保持稳定发展的意思，与继续（continuous）、连续（succession）等词语有明显不同。可持续性与可持续发展（sustainable development）有着紧密的联系，受资源、环境、人口等因素的影响。广义的可持续主要要求时间的不间断与政策模式的不可改变，如要求时间上是连续的、不间断的，政策在实施过程中不存在中断现象，通常以一种持续不变的状态运行。不同于一般意义的可持续理解角度，国债可持续性指根据实际经济运行，在某些经济约束条件的限制下，协调多种宏观经济因素，维持国债的一种长期发展战略与模式。需要注意的是，在国债可持续性范畴内，国债政策实施的空间是有界的，某些经济约束共同制约国债的扩张。在国债可持续性的维持过程中，需要特别注意国债政策与宏观经济运行的相互影响，以实现在一定经济运行条件下国债可持续的稳定状态，同时最大化国债政策对宏观经济的改善，以发挥国债政策稳定经济运行，提高社会福利的宏观经济效应。

为了全面理解国债可持续性，需要从三个方面进行分析。

首先，国债是一种长期政策，不应该以短期经济视角分析国债的可持续性。这主要与国债的性质有关。根据国债的定义，国债是以中央政府信用为担保的一种特殊有价债券，本质上是中央政府调控宏观经济运行的政策工具，其经济效果具有长远性、多面性与复杂性。国债发行的目的旨在稳定宏观经济运行，如在宏观经济运行至经济周期的波谷时，发挥刺激经济的作用，在宏观经济运行至经济周期的波峰时，发挥稳定经济的作用。国债政策运用不当，则会出现不可持续风险，会给经济带来长期负面影响，影响经济社会的总需求，加重经济波动，甚至引发财政风险，产生债务危机。国债是否可持续，由国债政策的宏观经济净收益决定。国债宏观经济净收益等于国债宏观经济收益与国债实施成本的差额。其中，国债宏观经济收益包括国债实施引起的政府财政盈余的增加、宏观经济增长率的提高、社会就业的扩大、社会福利的增加等积极经济效应；国债实施的成本包括政府为维持国债的还本付息增加的税收、对私人投资的挤出、扩大社会总需求助长的通货膨胀，甚至有放大经济波动等消极经济效应。在一个长期经济周期中，如果国债是可持续的，则国债宏观经济净收益大于零，表明国债政策的积极经济效应大于国债政策的消极经济效应，即国债政策的收益大于国债政策的经济与社会成本。因此，应该基于长期经济发展的视角分析国债的可持续性。

其次，考虑宏观经济的负债能力。国债可持续性与宏观经济的负债能力密切相关，宏观经济通过三个途径影响国债政策。第一，政府财政状况对国债可持续性的影响。国民收入水平影响政府的财政收入，政府财政状况直接影响国债的还本付息，如果政府财政连年赤字，则很难维持可持续的国债规模；如果政府财政存在盈余，则可维持国债可持续发展。第二，经济社会中家庭部门消费的时间偏好和储蓄水平影响国债的可持续性。当政府部门实施国债政策时，家庭部门通过认购国债将私人储蓄转变为国债资金，国债资金在政策投资过程中转化为公共投资，政府实现调控宏观经济的目标。可见，如果家庭部门偏好未来消费，则储蓄水平提高，意味着经济中有充足的闲置资金承担国债，如果加大国债发行规模，可提高社会剩余闲置资金的利用率，增加宏观经济增长率；反之，如果家庭部门倾向于选择即期消费，则储蓄水平降低，不利于国债的扩大发行。第三，经济社会的通货膨胀水平影响国债的可持续性。政府实施国债政策通过影响社会总需求实现宏观经济的调控，一般情况下，国债规模的扩大会增加社会总需求，对宏观经济形成通货膨胀压力。因此，在通货膨胀较高的情况下，应该限制国债规模的进一步扩大，以防产生需求拉动型通货膨胀，影响宏观经济运行水平。综上可见，一个稳定的宏观经济承担国债的能力是有限的，意味着政府实施国债政策时，需要考虑宏观经济的承载能力，必要时需限制国债的无限扩张。

再次，考虑宏观经济对国债政策的需求。经济发展处于不同的经济周期阶段时，对国债政策的需求是不同的，国债政策调控宏观经济的作用效果也会存在显著差异，因此，需要密切关注宏观经济运行状况，灵活机动地选择实施国债政策，或者退出国债政策。由于国债政策可在短期内实现对社会总需求的调控，因此对于平复短期经济震荡有良好的效果，同时解决失业问题，改善社会福利。由于经济很难以潜在产出水平运行，导致经济经常出现震荡，故而需要国债政策的调节。但由于国债政策调节具有长期效应，从这方面讲国债很难维持一个可持续状态。但是可根据经济波动状况，及时抉择国债政策的实施与退出。如在经济运行过热时，可选择退出国债政策，降低社会总需求，以防止造成需求拉动型的通货膨胀；在经济运行过冷时，可选择实施国债政策，加大社会总需求，逆周期调节经济运行。因此，国债政策的实施方向以及调节力度，对经济发展具有重要影响与意义。

因此，研究国债政策的可持续性问题，需要综合考虑宏观经济的负债能力与需求，二者缺一不可。如果不考虑宏观经济对国债的负债能力，贸然实施国债政策，则当国债到期时，因财政问题无法实现对国债的还本付息，则会放大经济波动，产生财务风险，甚至引起社会动荡。在这种情况下，国债政策的收益小于国债政策的经济成本与社会成本，净效益小于零，国债政策具有不可持续风险。同时需要考虑国债政策的经济效果。当实施恰当的国债政策，国债融资以公共资本的形式进入经济系统，等价于社会闲置资金的有效利用，资本活力得到释放，实现拉动经济增长的政策预期。在这种情况下，国民收入增加，在消费的时间偏好与储蓄率不变的情况下，政府财政收入增加，反过来会提高政府财政的偿债能力与应债能力，从而实现国债的可持续性。因此国债政策实施的可能性与必要性是一个长期性问题，国债政策的实施受不同经济阶段的影响，相应的，国债政策的实施方向与力度是一个动态的过程，故而需要从长期内生视角对国债的可持续性问题进行分析。

在研究国债问题时，需要注意的是国债政策的可持续性与财政风险是一个问题的两个方面。当国债政策不可持续时，政府财政负担加剧，可能引发政府财政风险，甚至产生财政危机。当政府财政出现财政风险，无力对国债进行还本付息，制约国债的可持续性。财政风险问题一直是政府管理者与政策决策者关注的焦点，是由政府财政风险的性质所决定的。财政风险是一种宏观层面的系统风险，一旦危险显现，对宏观经济运行带来的整体性、全局性的冲击影响是难以估量的，如果财政风险蔓延扩张，甚至会威胁政局稳定。随着亚洲金融危机与美国金融危机的爆发，公众将较多的注意力放在了金融风险问题上。自欧洲债务危机爆发以来，财政风险与债务危机日益引起人们的关注。因为，从欧洲债务危机的影响范围与影响力度看，财政危机的破坏力不逊于甚至超过金融危机。同时，从经济制度的结构布局看，财政承担化解市场机制风险的最终责任。只要避免出现财政风险，使财政预留出足够的盈余空间，其他公共风险都可通过财政进行调剂控制。一旦财政出现风险，任意公共风险都有可能对经济造成永久性破坏冲击，甚至最终导致经济崩溃。

国债可持续与否与国家财政密切相关。当一个国家财政出现资不抵债，或者无力支付时即认为财政风险显现，此时严重影响国债的可持续性。财政风险与政府债务的相关性还表现在，政府债务的可持续与否可以反映财政风险状况。因为如果政府债务出现不可持续状况，那么意味着在现存债务水平上，该国政府继续按照已有模式增发债务，最终可能致使政府出现资不抵债，或者无力支付，产生财政风险。如果政府存在财政风险，则当公共资金在经济中持续运转时，政府财政收支结构将会存在崩溃的可能性，破坏政府财政体系。经济社会中的多方面因素都可能导致财政风险，其中，经济因素主要包括经济震荡、增发债务、利率和汇率的变动等；非经济因素主要包括自然灾难、政局不稳等。根据风险来源的不同，财政风险一般分为财政赤字风险、财政支出结构风险和债务风险。本书主要研究狭义财政风险，即债务风险。国家财政为整个国家的经济运作提供公共资金支持，一旦一国财政出现风险，则宏观经济将面临偏离原轨道运行的挑战，破坏经济发展，影响债务的可持续性。财政风险越高，则表明经济可能受到的破坏越强烈，最终引发财政危机的可能性越大，导致债务危机。财政风险危害大，但却不容易提前规避。因为政府财政收入主要来自税收与铸币税，具有强制性特点，当宏观经济无力承受增加的税收与铸币税时，财政风险才会显现，由此可以看出，财政风险从萌芽到出现具有时滞性，使得财政风险不容易提前规避。同时，由于现今中国政府债务中大量隐性或有债务的存在，加剧了政府财政负担，也使财政风险变得更为复杂。鉴于或有隐性政府负债所带来的日益严重的财政影响，应该加强对所有类型的财政风险敞口的信息进行披露，并进行必要的关注。

由此我们认识到，国债是一个动态发展过程，与宏观经济运行、政府财政密切相关，因此，判断国债政策可持续与否变得极为复杂。对于判断可持续债务的指标，一定要兼备相关性、动态性、灵活性、代表性的特点，且要以经济理论为基石。根据这一指导思想，本书将在第三章构建一个衡量国债可持续性的动态指标。

2.1.3 人口老龄化

在人口发展的过程中，由于人口自然增长率的变动以及人口寿命的增加，人口年龄结构在人口转变的过程中自然而然发生变动。人口的转变及人口年龄结构的变动需要相当长的时间实现，对经济增长和对政府债务风险的影响也有相当长的时滞。因此，要想更加深刻地研究人口结构转变与政府债务风险之间的关系，需全面了解人口年龄结构的变动过程以及特点。

人口年龄结构是指一个国家或地区在某一特定时期内，不同年龄段的人口数量占社会总人口数量比例的情况。描述人口年龄结构类型通常会用少儿抚养比、老年抚养比、社会总抚养比、少儿人口占比、老年人口占比、劳动力人口占比、预期寿命、年龄中位数等。少儿抚养比、老年抚养比分别指 0~14 岁少年儿童、65 岁及以上老年人占劳动年龄人口的比例，主要反映整个社会的抚养负担情况。少儿人口占比、老年人口占比分别指

0～14岁少年儿童、65岁及以上老年人占社会人口总量的比例，通常用来反映社会人口结构的年轻程度。其中，抚养比及人口占比较预期寿命、年龄中位数更能全面反映人口年龄结构。通常情况下，人口年龄结构可以分为三个年龄段，分别是0～14岁的少儿组、15～64岁的劳动年龄组和65岁及以上的老年组。根据以上划分的三个年龄组占社会人口总量比例的不同，我们将人口年龄结构区分为"年轻型""成年型""老年型"。除了以上划分标准外，常见的人口年龄结构划分类型还有金字塔类型（见图2.1）。

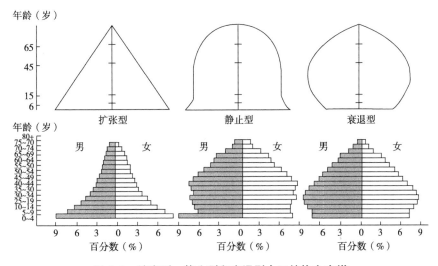

图2.1 扩张型、静止型和衰退型人口结构金字塔

人口年龄结构金字塔的底部表示年龄较小的人口数量，顶部表示年龄较大的人口数量。金字塔左边代表男性人口，右边代表女性人口。根据不同年龄组的人口数量将金字塔型进一步划分为扩张型、静止型和衰退型三种类型。扩张型人口年龄结构的特征表现为少儿人口占比较大，未来人口的发展呈增长趋势，如印度、朝鲜等；静止型人口年龄结构特征表现为未来人口发展逐渐保持平稳状态，如瑞士等；衰退型人口结构表示老年人口占比较大，少儿人口较小，未来一段时间人口将出现负增长，如日本、德国等。

老龄化一词是根据英语的"aging"对应译出的，可简译为"老化"，但在研究领域，用"老龄化"比"老化"更为准确、更加科学。一般而言，"老龄化"一词有两种含义：一是个体的老龄化，即个体年龄的变化；二是指整个社会人口群体的老龄化，即整个人口年龄结构的变化。个体的老龄化会受到生物学规律制约，是指生命从出生到发育成长再至衰老死亡的自然变化过程，属于自然范畴。人口的老龄化则是受到社会经济发展规律的制约，不是指整个人口群体的衰亡，而是一种社会发展变化形态，属于社会范畴。本书中所使用的"人口老龄化"无疑是指整个人口群体的老龄化。人口老龄化是现代社会才具备的人口现象，是对人口总体中年轻人口比重相对减少、年长人口比重相对增加而导致的人口年龄结构变化的动态过程的描述，它伴随人口死亡率和生育率的下降，是人口年龄结构必然出现的一种变动趋势。

人口老龄化产生的根本原因是物质生产技术的进步。只有当物质生产技术发展到一定高度，人类的各项生存条件，如食、住、医等得到一定改善，预期寿命才能得以延长。从而，人口再生产类型才会转变为现代的低出生率、低死亡率、低自然增长率。正是受到低自然增长率和较长的人口预期寿命的共同影响，年轻人口在整个人口中占比逐步降低，老年人口占比逐步提高，最终表现为整个人口年龄结构的变动。因此，从全球看，人口老龄化是伴随着社会经济水平的提高而必然出现的趋势。

研究发现，1953—2022 年，我国人口年龄结构总体变动特征为少儿抚养比先增加然后以较快的速度减少，老年抚养比逐渐增加，劳动年龄人口占比先下降后增加，然后又开始下降。具体特征表现为在新中国人口转变的初期，由于出生率高，少儿人口比重大，少儿抚养比高，而死亡率高和人均预期寿命较低，老年人口较少，老年抚养比低，人口年龄结构呈现明显的金字塔形结构，即属于年轻型人口类型。在后期，由于人口自然增长率的下降，使金字塔底部逐渐缩小，人口老龄化加速，人口结构呈现明显的倒金字塔型，属于老年型人口类型。目前，我国人口年龄结构特征表现为少儿抚养比基本处于稳定状态，老年抚养比逐渐增加，老龄化加速，劳动年龄人口占比缓慢下降。《中国统计年鉴》显示，截至 2022 年底，我国 0~14 岁人口占比为 16.94%，65 岁以上人口占比为 14.86%，按照联合国人口年龄结构的划分标准，我国目前处于老年型社会的初期。

我国人口老龄化在现阶段的较早出现有着特殊的原因。一方面，为了控制人口增长过快，减轻人口压力，长期以来实行的计划生育国策，形成了较低的人口生育率；另一方面，经济的快速增长，科学技术的进步，使得人民的医疗条件得以改善和生活水平得以提高，从而使人口寿命延长。最终表现为我国人口总体中的老年人口数量过快增长和老年人口比重的逐步加大，人口老龄化在经济发展水平未达到一定高度时就提前到来。

2.2 债务理论

国债理论兴起于 18 世纪中期的西方，经过一个世纪的完善和发展，在 19 世纪中后期达到鼎盛时期，主要代表学者有亚当·斯密、大卫·李嘉图、萨伊、穆勒、瓦格纳、道尔顿、凯恩斯、布坎南等。

2.2.1 古典国债理论

古典国债理论坚持市场自然秩序的经济学理念，认为国债因妨碍市场自由而对经济有害，国债并不具有生产性，破坏性极强，故而反对国债的存在和发行。古典国债理论的代表学者为亚当·斯密、大卫·李嘉图、萨伊、穆勒等。

斯密是古典国债理论的创始人，其国债思想占据古典国债理论的核心，奠定了古典国债理论学派的理论基础。期密（1972）在《国富论》中指出，政府借贷来的国债资金被用于非生产性用途，举债对一国经济增长是相当有害的。在市场经济条件下，国债规模的增加并不意味着社会资本的追加，政府通过发行国债，将社会借贷资金由资本机能转向收入机能。这种转化使资金不再具有生产性，因此社会原有资本减少，造成了社会财富资源的非生产性浪费，会阻碍而非促进本国财富的创造以及经济的发展，并最终使一国走向衰落。斯密生活在产业革命初期，产业资本为原始积累阶段，当时由于政府的奢侈浪费以及战争的需要而产生了大量债务。亚当·斯密发现了政府利用国债为战争融资的事实，在战争时期，国债扮演了优于其他筹资制度的角色，因此他认为，由于国债融资的便利性与低成本，导致战争频发，不利于国家政治层面的安全稳定。另外，国债的大量发行还可能导致国家财政发生风险。当政府或君主依赖国债融资，过度发行国债时，会将国家推到濒临破产的地步，此时的政府或君主为了避免国家破产，会提高铸币名义价值，从而降低铸币的实际价值，甚至降低铸币的标准成色。在市场经济中就会出现"劣币驱逐良币"的格莱辛法则，最终导致通货膨胀，甚至发生违约。当国家信用丧失后，市场资本快速逃离生产领域，民众经济负担加重，国家经济受到极为严重的冲击，甚至会面临国家破产。

李嘉图是古典学派的杰出代表人物，他继承了亚当·斯密的国债观，对国债在总体上持否定态度。在大卫·李嘉图看来，国债是掠夺生产资本并将之转化为死亡资本的一种经济手段。他否定了国债可将闲置资本转换为生产性资本的机能和效果，揭示了国债对经济活动的弊端和危害。"国家债券持有人的资本不可能变为生产性资本，它实际上并不是资本。此外，利用国债而非税收筹资，往往会使政府和人民不知节俭，倾向于过度消费或浪费，动辄举债。"（李嘉图，2021）李嘉图认为，国债融资会造成政府对财政负担意识不全面，财政支出扩张，不利于社会资本的形成。为了系统地研究国债理论，他以英法战争（1793—1813 年）累积的国债为分析对象，并对英法在战后为了应对国债而实施的减债基金制度做了分析。李嘉图是典型的自由市场主义经济理论的代表人物，他认为，国债是有害的，国债发行破坏社会资本的形成，并将原本属于生产资本的社会资金转化为非生产性支出。他在对国债理论分析的过程中，于 1817 年提出了著名的李嘉图等价定理（Ricardian equivalence theorem），提出税收与国债具有相同的经济效应的思想观点，此定理成为现代西方国债理论的核心思想。李嘉图反对国债的发行，他认为，国债融资缓解财政紧张，也纵容政府的浪费行为，致使政府无节制地消费。在研究英法国债时，李嘉图发现，英法为了满足在战争期间的支出，增加了直接税与间接税，并开始收取其他新的税收，但政府收入与战争支出之间仍然存在巨大差额，后来这一差额由政府国债融资弥补。李嘉图对于用临时性的税负为战争费用筹措资金的行为并无异议，但他认为，在战后政府应该立即停止为了战争费用而增设的各种税负，并且尽快努力偿还战争期间发行的国债。因为从国家经济安全的角度出发，战后政府如果不清偿国债，在未来一旦爆发新的战争，现存的大量国债将会使国民经济无力承担新的战争费用，威胁国家安全，或者政府通过逐年课税支付战争费用，但在战后国家可能会陷入破产的困境。因此，李嘉图认为，战争期间政府可以通过发行国债为战争经费融资，但是在战争结束后应该对国债努力清偿，以防产生国家破产等严重后果。与此同时，为了偿还国债利息或国债（本金），李嘉图还建议政府建立减债或偿债基金制度。减债基金制度是 1786 年英国首相威廉·配第创立的，虽然没有达到预期效果，但是对国债偿还机制的发展有重要的里程碑意义。李嘉图在《公债论》中肯定了偿债基金制度，并对此制度加以完善和发展。他指出，有三种方案可以实现政府偿债基金对国债的偿还，第一种是用征收税负的方式为偿债基金提供资金来源；第二种是增发国债为国债利息或国债（本金）提供资金来源；第三种是增发国债筹划资金，用征收税负的方式支付国债利息。李嘉图支持第一种方案。

穆勒是古典经济学派经济理论体系的最终完成者和集大成者，他在代表作《政治经济学原理》一书中全面总结了当时经济学的发展成果，他的经济学理论观点对于西方经济学说的发展具有划时代的意义。穆勒对国债持否定态度，支持斯密和李嘉图的国债理论，他认为，政府应该节约财政支出，反对国债无限制发行。穆勒（1936）认为，国债是一种重要的财政手段，尤其是战争期间，为国家筹划资金和其他非生产性的支出提供重要的保障。穆勒认同斯密等人的观点，认为国债资金来自生产性的社会资本，自变为非生产性的财政支出后削弱现有资本的力量，不利于国家经济发展。穆勒对斯密等人的国债理论进行了修改和发展，他提出，当通过外债融资和利用国内闲置资金发债时，国债会发挥促进经济发展的效应。因此，在国家存在过剩和闲置资本的前提下，穆勒首次提出并赞同政府发行国债以合理利用经济社会中的过剩闲置资本，支持政府的非命令式干预经济行为。穆勒国债理论态度的改变，与所处的时代背景有密切关系，当时的英国正处于资本主义成熟阶段，社会中存在大量的闲置过剩资本。

2.2.2　凯恩斯的债务理论

凯恩斯学派的国债理论推翻了古典国债理论的观点，认为国债可作为政府调控宏观经济的政策工具，用来逆经济周期调节经济运行，尤其在经济危机时发挥拉动经济的作用。凯恩斯学派的国债理论是国债理论发展史上的一个重大转折点。凯恩斯学派肯定了国债的积极作用，认为国债是政府弥补财政赤字的重要财政工具，是政府干预经济运行，稳定经济发展的重要政策工具。尤其在社会经济有效需求不足的情况下，国债资金会发挥扩大需求的作用，从而拉动宏观经济增长。无论国债资金被用于生产性投资领域还是非生产性消费领域，都会起到刺激经济的作用。因此，凯恩斯学派认为，可将国债作为重要的宏观政策调整手段，作为刺激经济，摆脱财政困境的有效工具。同时，在凯恩斯学派看来，国债有利于经济的发展，不会对经济产生负面效应。国债发行不会引起国内资金总量的减少，只是在一定期限内改变了国民经济主体资金的用途，属于资源结构的合理流动。凯恩斯（2005）认为，政府通过发行国债为财政支出融资，在一定程度上可能会造成政府过度消费，但是却会提高整体社会的福利。只要宏观经济存在有效需求缺口，社会为实现充分就业，在满足财政预算平衡的条件下，政府可通过发行国债刺激经济，使社会致富。阿尔文·汉森（Alvin Hansen）作为凯恩斯主义的支持者，认为国债发行是有益的，可用来调节宏观经济运行，同时他认为，国债并不是社会资源垄断者操纵的利益分配工具，相反的，国债是一种对社会有益的财政工具，可实现逆周期调节宏观经济（汉森，1941）。凯恩斯国债理论还否定了债务负担的代际转移，认为国债发行并不会产生经济负担在代与代之间的转移。以内债发行为例，下一代人同时继承了国债负担和国债支付收益，从总体看，下一代人的利益并不会受到损害，因而国债不会对下一代人造成所谓的财政负担。与此同时，国债发行的数量与经济发展有密切联系，从绝对数量看，随着经济发展绝对国债规模会增加，但是从相对数量看，随着经济的发展国债规模是减小的，故而从经济运行的整体过程看，债务负担不会对经济发展形成压力。若考虑外债的影响，勒纳（Lerner，1943）认为，外债发行意味着债权人由国内债权人变为国外债权人，国债的还本付息是国际资本的转移，因此外债发行最终会成为下一代人的负担，而内债则不会给后代人产生负担，只是后代人的相互欠债，即"右手欠左手的债"。从长期视角分析，国债最终是否偿还不会对经济造成深刻影响，因为国债作为政府干预经济运行，调整财政结构的有力工具，即使在发债初期有明确的到期时间、偿还金额甚至偿还方式，但是从长期看，国债的偿还都是表面性的偿还。因为只要国家存在，国债就会一直被用来作为调节宏观经济的工具，国债就不会也不可能完全偿清（Bucnanan，1958）。

2.2.3 现代债务理论

随着 20 世纪 70 年代西方经济"滞胀"的出现，越来越多的学者开始质疑凯恩斯学派的国债有益论，甚至认为凯恩斯学派的国债理论误导政府实施国债政策，以至于国债规模迅速扩张激增。在这种经济背景下，现代国债理论思想开始生长，其中包括著名的国债负担论和国债排挤论。以布坎南为代表的公共选择学派系统阐述了国债负担问题，他从古典国债理论维持债务的方式出发，重新考虑了国债还本付息资金来源的问题。最终发现无论偿债资金来自征税还是增发国债，都会导致国债负担的代际转移，这一发现具有重要的理论意义与实践意义。现代国债理论学派否定了凯恩斯学派内债不会代际转移的观点，在债务代际负担问题上没有必要区分内外债，因为无论内债还是外债，下一代人都会继承上代人的债务负担，负担程度不确定，受到诸如未来人口、利率与税率的影响。布坎南在其《公债的公共原则》一书中认为，国债是有负担的，但是这种负担不会由当代人承担，而是牺牲了下代人的利益，由后代子孙去承担，最终实现债务的代际转移。现代国债理论认为，当以增发国债替代税收的融资策略时，会影响政府的财政预算决策，打破财政支出成本与收益的均衡，最终导致公共支出攀升。同时增发国债也会影响公众决策，人们依赖国债为政府公共支出融资，认为不再承担国债偿还义务，不再考虑国债引起的税收变化做出财政计划的改变，从而影响公共选择。

2.3　分析方法

静态最优化问题中的解通常是每个选择变量的单个最优解，如最优产出水平和最优价格等。但在现实经济问题中，经济主体经常需要处理那些连接着过去、现在和未来的跨期决策问题，解决这类问题的关键是不能用孤立的观点看待决策，经济主体通常需要在当前的高收益和未来难以避免的低收益之间加以权衡。比如，为了最大化效用，家庭需要在当期消费和未来消费（或储蓄）之间进行权衡；为了最大化利润，厂商需要对资本积累的数量加以恰当的安排等。在这些场合中，静态优化方法是难以满足要求的，为此，我们需要专门的动态优化方法。动态最优化方法需要解决的问题是：在整个计划期间内，如离散时间情形的每个时期，或者连续时间情形的给定时间区间的任意时刻，根据行为主体的目标选择变量的最优解。其解的形式为，对于每个选择变量的一条最优时间路径，或者说是在整个计划期间的最优值。目前解决动态最优化问题主要有三种方法：变分法、最优控制理论和动态规划。根据内容需要，本书仅对变分法和最优控制论做出概括阐述。

2.3.1　动态优化理论

（1）变分法

一个简单的动态最优化问题包括的基本要素有：给定一个初始点和一

个终结点；从初始点到终结点之间存在一组允许路径；表现指标（如成本、利润等）的一组路径值与各种路径相联系；通过选择最优路径（或最大、最小化路径值或表现指标）实现特定目标。

设时间路径（函数）为 $x(t)$，$t \in [0, T]$，路径值表示为时间路径（函数）的泛函，记为 $Y[x(t)]$，表示 Y 是路径 x 的函数。

则目标函数为：

$$J[x(t)] = \int_0^T F(t, x(t), \dot{x}(t)) \mathrm{d}t \tag{2.1}$$

其中，$F(t, x(t), \dot{x}(t))$ 表示目标函数的瞬时值，是关于时点 t，时点 t 时的状态变量 $x(t)$ 和状态变量的变化方向和变化率 $\dot{x}(t)$ 的函数。目标泛函是目标函数的瞬时值在时间 $t \in [0, T]$ 上的积分，欧拉方程是泛函极值的必要条件，欧拉方程有两种表达形式，一种是：

$$\frac{\partial F}{\partial x} - \frac{\mathrm{d}(\partial F / \partial \dot{x})}{\mathrm{d}t} = 0 \tag{2.2}$$

另一种是：

$$F_x = F_{xx} + F_{x\dot{x}} \cdot \dot{x} + F_{x\ddot{x}} \cdot \ddot{x} \tag{2.3}$$

边界条件：$x^*(0) = x_0$，$x^*(T) = x_T$，由此可以看出，欧拉方程是二阶非线性微分方程。解此二阶微分方程即求得泛函的极值，解为：$x^* = x^*(t)$，表示一个极值曲线。利用欧拉方程求得极值解，即表示完成求解动态最优化过程。根据微分方程定理，二阶微分方程的通解有两个任意常数，在两个边界条件的约束下，可将通解确定。因为缺少一个边界条件需要补上一个横截条件加以约束：

$$\frac{\partial F}{\partial \dot{x}} \delta x \bigg|_{t=0}^{t=T} = \frac{\partial F}{\partial \dot{x}} \delta x \bigg|_{t=T} - \frac{\partial F}{\partial \dot{x}} \delta x \bigg|_{t=0} = 0 \tag{2.4}$$

在横截条件的约束下，起点和止点路径固定，变分都为零：$\delta x(0) = 0$，$\delta x(T) = 0$。

由此可见，欧拉方程不是泛函最优化的唯一条件，欧拉方程与边界条件、横截条件同为泛函最优化的必要条件。

泛函极值的充分条件存在两种情况，一是当泛函 F 是关于 x 的函数，$\dot{x}$ 是联合凹的，则欧拉方程、边界条件和横截条件是泛函极大值的充要条件；二是当泛函 F 是关于 x 的函数，$\dot{x}$ 是联合凸的，则欧拉方程、边界条件和横截条件是泛函极小值的充要条件。

（2）最优控制论

将目标函数中状态变量关于时间的导数替换为控制变量，目标函数形式如下：

$$J[x(t)] = \int_0^T F(t, x(t), u(t)) \, dt \tag{2.5}$$

其中，t 表示时间，$x(t)$ 表示状态变量，$u(t)$ 表示控制变量，最优控制问题就是选择控制变量的最优时间路径 $u(t)$，实现目标函数最大化，与此同时也选择了最优时间路径 $x^*(t)$。最优控制问题为：

$$\max \int_0^T f[x(t), u(t), t] \, dt \tag{2.6}$$

$$\text{s.t } \dot{x} = g[x(t), u(t), t]$$

给定 $T, x(0) = x_0, x(T)$ 可变。求解最优控制问题构造汉密尔顿函数：

$$H(x, u, \lambda, t) = f(x, u, t) + \lambda(t).g(x, u, t) \tag{2.7}$$

其中，$\lambda(t)$ 为协态变量，$\dot{x} = g[x(t), u(t), t]$，表示状态随时间变化，为转移方程。汉密尔顿函数反映了控制变量 $u(t)$ 对目标泛函的总影响。协态变量 $\lambda(t)$、最优控制 $u(t)$、最优状态 $x^*(t)$ 满足如下条件：

$$极值条件：\frac{\partial H(x^*, u^*, \lambda, t)}{\partial u} = 0 \tag{2.8}$$

$$状态方程：x^* = \frac{\partial H(x^*, u^*, \lambda, t)}{\partial \lambda} = g(x^*, u^*, t) \tag{2.9}$$

$$欧拉方程：\dot{\lambda} = -\frac{\partial H(x^*, u^*, \lambda, t)}{\partial x} \tag{2.10}$$

边界条件与横截条件：$x^*(0) = x_0, \lambda(T) = 0$，以上条件为该最大化问题的必要条件。

2.3.2 计量方法

（1）向量自回归模型

西姆斯（Sims，1980）提出的向量自回归（vector autoregression）模型，将多个变量组成一个系统，可反映一个系统中多个变量之间的动态影响。内生化的任意变量都可以表示为其他变量滞后值的函数，由此构造的模型变为由多元时间序列变量组成的向量自回归模型，克服了单变量自回归模型的局限性。向量自回归模型将所有变量放在一起，作为一个系统对每个变量进行预测，使预测相互自洽，是目前经济工作者常用的时间序列预测模型。

向量自回归模型的一般表示形式：

$$Y_t = A_0 + A_1 Y_{t-1} + A_2 Y_{t-2} + \cdots + A_p Y_{t-p} + \varepsilon_t \tag{2.11}$$

其中，Y_t 表示包含了在 VAR 模型中的 n 个变量的 $(n \times 1)$ 向量，A_0 为 $(n \times 1)$ 截距项向量，A_i 为 $(n \times 1)$ 系数矩阵，ε_t 为 $(n \times 1)$ 误差向量，$\varepsilon_{it} \sim \mathbb{IID}(0, \sigma^2)$，$\mathrm{COV}(\varepsilon_{it}, \varepsilon_{jt}) = 0$，$(i \neq j, i, j = 1, \cdots 6)$。

（2）向量误差修正模型

大多数经济变量为非平稳时间序列，如果对非平稳变量进行回归可能会产生虚假回归，使模型估计结果无意义，而具有协整关系的经济变量之间存在长期均衡关系，可以建立向量误差修正模型进行分析。根据格兰杰表示法定理（Granger Representation Theorem），一个具有协整关系的非平稳变量组合有三种等价的表示方法：向量移动平均模型（VMA）、向量自回归模型（VAR）、向量误差修正模型（VEM）。向量自回归模型是一种动态模型，反映变量之间的长期均衡关系，向量误差修正模型反映变量的短期波动向长期均衡状态的调整过程。"误差修正"正是这一思想在计量经济学中的体现。向量误差修正模型具有明显的经济学含义，可以分别考察变量的长期调节与短期调节。

为了不失一般性，设有 k 个一阶单整向量，$y_{1t}, y_{2t} \cdots y_{kt}$，$Y_t = (y_{1t}, y_{1t}, \cdots, y_{kt})' \sim I(1)$，向量自回归模型如下：

$$Y_t = m + A_1 Y_{t-1} + A_2 Y_{t-2} + \cdots + A_p Y_{t-p} + u_t \tag{2.12}$$

式（2.12）表示 k 个变量之间的长期均衡关系。其中，p 表示滞后阶数，A_i 表示系数矩阵，$i = 1$，2，$\cdots$，p，u_t 表示经典误差项，$E(\mu_t) = 0$，$\text{var}((\mu_t) = \sigma^2$，$\text{COV}(u_i, u_j) = 0$，$t = 1$，$2$，$\cdots$，$T$。根据格兰杰表示法则，由向量自回归方程可以导出其对应的向量误差修正模型：

$$\Delta Y_t = m + \prod Y_{t-1} + B_1 \Delta Y_{t-1} + B_2 \Delta Y_{t-2} + \cdots + B_{p-1} Y_{t-p+1} + u_t \tag{2.13}$$

$$\Delta Y_t = m + \prod Y_{t-1} + BX + u_t \tag{2.14}$$

式（2.14）表示向量误差修正模型，此模型将表示长期均衡关系的 Y_{t-1}。作为自变量引入模型，描述短期变量波动向均衡状态的调节过程，同时将表示自变量短期波动影响的 $X = (\Delta Y_{t-1}, \Delta Y_{t-2}, \cdots, Y_{t-p+1})$ 引入模型，描述因变量对自变量短期波动的反应。其中，Δ 表示一阶差分算子，则 $X = (\Delta Y_{t-1}, \Delta Y_{t-2}, \cdots, Y_{t-p+1}) \sim I(0)$；$\prod Y_{t-1}$ 表示误差修正项；$\prod = A_1 + A_2 + \cdots + A_p - I$，表示误差修正向量，衡量当变量偏离长期均衡状态时的修复速度；B 表示短期参数矩阵，衡量变量之间的短期波动影响。等式左边 ΔY 为平稳过程；等式右边 Δ 为平稳过程，Y_{t-1} 为非平稳过程，只有当 $\prod Y_{t-1}$ 为平稳过程时，等式才成立。在协整检验过程中，当 $rank(\prod) = 0$ 时，意味着 y_{1t}，$y_{2t} \cdots y_{kt}$ 不存在使其平稳的线性组合，y_{1t}，$y_{2t} \cdots y_{kt}$ 之间不存在协整关系；当 $rank(\prod) = r < k$ 时，意味着 y_{1t}，$y_{2t} \cdots y_{kt}$ 有 r 个相互正交的线性组合，是平稳的，y_{1t}，$y_{2t} \cdots y_{kt}$ 之间存在 r 个协整关系，可以建立向量误差修正模型。

（3）面板单位根检验

面板单位根检验分为两代，第一代面板单位根检验方法包括 LLC（Levin et al.，2002）、IPS 检验（Im，Pesaran and Shin，2003）、Fisher-ADF、Fisher-PP 检验。其中，LLC 检验方法基于面板同质假设，IPS 检验方法基于面板异质假设。第一代面板检验假设面板数据的纵剖面时间序列计量模型的误差项是相互独立的随机过程，根据中心极限定理可以得到渐进正态分布的单位根检验统计量。随着经济全球化、区域化的发展，不同国家与地区之间的经济联系越来越紧密，现实经济活动中的国家或地区经常受到诸如技术溢出效应、共同冲击等不可观测的共同因素的影响，此类现象导致第一代面板单位根检验截面不相关假设失效，降低了面板单位根检验结果的可靠性。第二代面板单位根检验放宽对截面不相关的假定，允许序列存在同期相关、协整关系或共同因子等形式，包括 S_N 检验（Yoosoon Chang，2002）、PANIC 检验（Bai and Ng，2004）、CADF 检验和 CIPS 检验（Pesaran，2007）。

PANIC 检验基于如下因子模型：

$$s_{it} = c_i + \lambda_i F_t + e_{it} \tag{2.15}$$

$$F_t = \alpha F_{t-1} + \mu_t \tag{2.16}$$

$$e_{it} = \gamma_i e_{it-1} + \varepsilon_{it} \tag{2.17}$$

其中，c_i 表示截距项，F_t 表示不可观察的共同因子成分，如全球资本市场因素，λ_i 为因子载荷向量，e_{it} 表示个体特质因子，则 s_{it} 由截距项、共同因子成分和特质因子构成。

对式（2.15）取一次差分，得：

$$\Delta s_{it} = \lambda_i' \Delta F_t + \Delta e_{it} \tag{2.18}$$

其中，$\Delta s_{it} = s_{it} - s_{it-1}$，$\Delta F_t = F_t - F_{t-1}$，$\Delta e_{it} = e_{it} - e_{it-1}$，根据 PANIC 检验方法，对 Δs_{it} 做主成分分析，得到关于因子载荷的估计值 $\hat{\lambda}'$、共同因子的估计值 $\Delta \hat{F}_t$，通过 $\hat{\lambda}'$，$\Delta \hat{F}_t$ 计算出 $\Delta \hat{e}_{it}$。之后分别对 $\Delta \hat{F}_t$ 与 $\Delta \hat{e}_{it}$ 在时间上叠加得到 $\hat{F}_t$ 与 $\hat{e}_{it}$。对每个个体 i 的 $\hat{F}_t$ 做单位根检验 $ADF_{\hat{F}}^C$，对 $\hat{e}_{it}$ 做单位根检验 $ADF_{\hat{e}}^C$，分别考察共同因子与特质性因子的平稳性。所以，PANIC 单位根检验为共同因子与特质因子平稳性检验提供判断依据的同时，还可以发现面板数据平稳性与各驱动因子的具体关系，鉴别引起面板数据非平稳的因素。

3 国债可持续度量的指标确立

在欧洲主权债务危机阴影下，中国庞大的债务规模已引起各界高度关注。国债作为一个国家重要的财政融资手段和宏观经济调控与金融管理的重要工具，既可以产生积极影响，也可能带来消极影响（贾康和赵全厚，2000）。国家财政部门在通过发行国债拉动国民经济增长，反周期调整经济运行时，需谨慎考虑债务激增对财政造成的冲击，加强对财政稳健性的监控，维持债务的可持续性。如果一国债务不可持续，未来某一时刻到期还本付息的国债偿还需再次计入赤字，陷入"借新债还旧债"的恶性循环，最终导致政府无力支付甚至资不抵债，引发财政风险，产生债务危机（张春霖，2000）。目前，国际公认的界定财政赤字与债务规模安全与否的分界线是由欧盟在《马斯特里赫特条约》所确定的3%赤字率（赤字占国内生产总值比重）和60%债务率（国债余额占国内生产总值比重），带有很强的区域特性和政治妥协性（刘迎秋，2001）。在经济转轨背景下，由于中国国债发行与管理的特殊性，以此警戒线作为中国经济实践的指导标准，未必妥当。另外，国债的发行与偿还本身是一个动态过程，采用一个趋同静态标准判断和衡量并不科学。本书通过对债务均衡状态的分析发现，一国的经济增长率、通货膨胀率与财政状况都会对债务均衡路径产生影响，债务赤字警戒线的制定需考虑市场经济的具体状态，否则警戒线在指导经济实践时缺少说服力。本书研究结果表明，经济体处于不同发展阶段时，债务不可持续风险来源也各不相同，例如，本书通过实证分析发现，中国在1998年、1999年、2002年与2009年债务出现不可持续风险，1999年和2009年中国债务不可持续风险的来源是庞大的债务发行规模，

2002 年不可持续风险则来自通货紧缩与低经济增长率。

本章旨在国际比较研究的基础上，结合中国经济的具体状态，基于政府预算约束，对中国国债可持续问题提供一个动态有效的判断标准。主要贡献体现在三个方面：第一，理论研究方面，拓展了国债可持续性的研究框架。在已有研究基础上，基于政府预算约束，构建判断国债可持续性的动态指标，同时在指标构建过程中内生化了宏观经济变量，有助于从理论上更准确地把握债务持续性机制。第二，实证研究方面，以往研究多是通过经济变量的历史数据判断当期债务是否可持续，本书则通过模型内生化宏观经济变量，通过预测各变量分析未来财政状况与宏观经济环境，对现有债务做出可持续与否的判断，为当期国债政策提供理论依据。第三，本书具有较强的政策含义，本章研究建立的动态指标可将影响国债的因素有效分解，发现引起国债可持续性波动的因素，为财政政策调整方向及力度提供研究证据。

本章内容安排如下：首先，在政府跨期预算约束条件下，对国债可持续性进行理论分析，构建国债可持续度量指标；其次，进行实证检验，利用中国 1986 年至 2013 年经济数据，检验中国国债的可持续性，通过指标分解发现影响国债可持续的因素，分析 2014 年至 2018 年中国债务可持续问题；最后对本章进行总结。

3.1　模型构建

通过对政府财务收支状况的分析，考虑利率水平、通货膨胀率、经济增长等现实经济运行情况，基于政府跨期预算约束条件，构建判断债务可持续与否的度量。

3.1.1　政府跨期预算约束

$$G_t + (1 + r_t)B_{t-1} = B_t + \Delta M_t + T_t \tag{3.1}$$

式（3.1）预算恒等式中，G_t 表示 t 期不包括债务利息的财政支出；B_t

表示政府在第 t 期累积债务规模；r_t 表示截至 $t-1$ 期末发行债务的平均收益率；$r_t B_{t-1}$ 表示 t 期需要支付的债务利息；$(1+r_t) B_{t-1}$ 表示 t 期财政部门需要支付的债务还本付息额；$\Delta M_t = M_t - M_{t-1}$ 表示货币筹资，即铸币税收入；T_t 表示税收收入。方程（3.1）等号左边表示政府财政部门的名义总支出，等号右边表示政府财政部门的名义总收入。总支出由政府支出（含转移支付）和债务还本付息构成，总收入由发债融资、货币融资和税收构成。$P_t Y_t$ 表示 t 期名义 GDP，公式（3.1）两端除以名义国内生产总值（GDP），得：

$$g_t + \frac{(1+r_t)}{(1+\pi_t)(1+\theta_t)} b_{t-1} = b_t + m_t - \frac{1}{(1+\pi_t)(1+\theta_t)} m_{t-1} + t_t \tag{3.2}$$

其中，g_t 表示 t 期政府支出与同期名义 GDP 的比率，即 $g_t = \frac{G_t}{GDP_t}$；b_t 表示 t 期债务率，等于第 t 年政府累积债务规模 B_t 与 t 期名义 GDP 的比率，$b_t = \frac{B_t}{GDP_t}$，$GDP_t = P_t Y_t$；b_{t-1} 表示 $t-1$ 期债务率，等于 $t-1$ 期政府累积债务规模 B_{t-1} 与 $t-1$ 期名义 GDP 的比率，$GDP_{t-1} = P_{t-1} Y_{t-1}$，$b_{t-1} = \frac{B_{t-1}}{GDP_{t-1}}$；$m_t$ 表示 t 期国民经济中货币存量与 $t-1$ 期名义 GDP 的比率，$m_t = \frac{M_t}{GDP_t}$；m_{t-1} 表示 $t-1$ 期国民经济中货币存量与 $t-1$ 期名义 GDP 的比率，$m_{t-1} = \frac{M_{t-1}}{GDP_{t-1}}$；$t_t$ 表示税率，等于 t 期税收与同期 GDP 的比率，$t_t = \frac{T_t}{GDP_t}$；$\pi_t = \frac{\Delta P_t}{P_{t-1}}$，表示通货膨胀率；$\theta_t = \frac{\Delta Y_t}{Y_{t-1}}$，表示经济增长率。建立全额赤字预算模型：

$$D_t = G_t + r_t B_{t-1} - T_t - \Delta M_t \tag{3.3}$$

式（3.3）表明，t 期政府全额赤字等于当期政府支出与当期政府收入的差额，D_t 包含到期债务还息部分 $r_t B_{t-1}$，代表 t 期政府全额赤字。全额赤字指基本赤字加当期债务利息支出，中国自 2000 年起，政府经常性支出开始包含政府债务利息支出，债务利息支出体现在政府财政赤字中，式（3.3）的经济含义和中国债务与预算关系相适应。赤字是一国政府财政支出与财政收入之间的差额，弥补政府财政赤字的方法有两种：货币融资和债务融资。货币融资是政府财政部门直接向中央银行借款，债务融资则是财政部门向社会民众借款。前者会导致经济体中基础货币的增加，后者则是通过发放债务将公共储蓄转化为公共投资的过程。需要说明的是，中国1993 年颁布的《国务院关于金融体制改革的决定》，明确禁止财政部向中国人民银行借款弥补赤字，货币融资填补赤字方式受阻。式（3.3）中的 ΔM 表示的含义不再是中央银行发放的基础货币，而是经济市场中现存货币的再分配。式（3.3）两端同时除以同期名义 GDP，得到债务率与全额赤字率动态均衡关系：

$$d_t = g_t + \frac{r_t}{(1+\pi_t)(1+\theta_t)}b_{t-1} - t_t - m_t + \frac{1}{(1+\pi_t)(1+\theta_t)}m_{t-1} \tag{3.4}$$

由式（3.2）得，$b_t = g_t - t_t - m_t + \frac{1}{(1+\pi_t)(1+\theta_t)}m_{t-1} + \frac{1+r_t}{(1+\pi_t)(1+\theta_t)}b_{t-1}$，则（3.4）式可变形为：

$$d_t = b_t - \frac{1}{(1+\pi_t)(1+\theta_t)}b_{t-1} \tag{3.5}$$

可持续性债务规模是指长期内债务占名义 GDP 比重不会持续增长，并且如果经济增长和财政约束适当，政府债务占名义 GDP 的比重在长期内会维持在某一稳定水平（余永定，2000；Bohn，2005）。当经济达到稳定状态，债务占 GDP 比重不再变化，即 $b_t = b_{t-1}$，意味着经济体中债务负担率不再增长，公共部门的债务负担不会再加剧，债务与全额赤字达到均衡状态：

$$b_t = \frac{(1+\pi_t)(1+\theta_t)}{(\pi_t + \theta_t + \pi_t\theta_t)}d_t \tag{3.6}$$

上述债务全额赤字动态均衡模型刻画了债务率 b_t、全额赤字率 d_t 与通货膨胀率 π_t、经济增长率 θ_t 之间的动态均衡关系。均衡模型表明，为了维持财政可持续性，政府财政部门需要在债务发行率、全额赤字率、通货膨胀率和经济增长率之间做出选择。由式（3.6）得：

$$b_t \geq \frac{1}{\pi_t + \theta_t} d_t \tag{3.7}$$

将式（3.7）变形，分析政府在财政目标不同时，为了维持经济均衡，在债务发行率、全额赤字率、通货膨胀率与经济增长率之间的选择：$d \leq b(\pi + \theta)$，表示当通货膨胀率 π、经济增长率 θ 保持不变时，即名义增长率 $\pi + \theta$ 给定，为维持经济均衡发展的债务水平 b，财政可以支撑的最大全额赤字是 d；$b \geq \frac{1}{\pi + \theta} d$，表示若维持稳态的名义增长率 $\pi + \theta$，总赤字 d 不变，需要发行债务规模 b 进行融资；$\pi + \theta \geq \frac{d}{b}$，表示若要维持均衡状态时的债务 b 与全额赤字 d 的比率不变，所要求的最低名义经济增长率为 $\pi + \theta$。

如果债务率为60%，名义经济增长率超过5%，即使赤字率超过3%，财政仍然是可持续的；如果赤字率为3%，经济体所要求的名义经济增长率不超过5%，即使债务率超过60%，财政仍然是可持续的；如果赤字率不超过3%，债务率不超过60%，为了维持财政的可持续性，经济体需要的最低经济增长率是5%。由此我们可以看出，《欧洲稳定与增长公约》中3%的财政赤字和60%的债务上限的趋同标准的制定，忽略了欧盟不同国家的名义增长率 $\pi + \theta$，不能用来作为判断欧盟国家财政可持续与否的统一标准，更不适合直接用来作为中国国债负担警戒线。

国债负担率警戒线一般采用欧盟在《马斯特里赫特条约》中规定的不超过60%的标准，但国债的发行与偿还本身是一个动态过程，采用一个趋同静态标准判断和衡量并不科学。由于中国债务发行的特殊性，也不能套用国际上惯用的经济指标与经验数据进行判断。发达国家多年来保持较高国债水平的条件，与其发达成熟的证券市场、规范的法律制度，科学高效的发行方式和合理的政府债务持有者结构及期限结构等密不可分，而这些基础性条件我们目前尚不完全具备，创造这些基础性条件还需要有一个过程。因此，我们需要在国际比较研究的基础上，结合市场经济的具体状态，对国债可持续与否提供一个合理判断标准。

3.1.2　国债可持续条件

$$F_t = D_t - r_t B_{t-1} \tag{3.8}$$

其中，F_t 表示基本赤字，即全额赤字中不包含国债利息支付的部分，式（3.8）两端同时除以名义 GDP，根据公式（3.5）可得：

$$f_t = d_t - \frac{r_t}{(1 + \pi_t)(1 + \theta_t)} b_{t-1} = b_t - \frac{(1 + r_t)}{(1 + \pi_t)(1 + \theta_t)} b_{t-1} \tag{3.9}$$

$$b_t = f_t + \frac{(1 + r_t)}{(1 + \pi_t)(1 + \theta_t)} b_{t-1} = f_t + (1 + \rho_t) b_{t-1} \tag{3.10}$$

其中，$1 + \rho_t = \dfrac{(1 + r_t)}{(1 + \pi_t)(1 + \theta_t)}$，可理解为真实国债利率；$\dfrac{1}{1 + \rho_t}$ 表示折现因子，它与国债利率、通货膨胀率、经济增长率相关。将式（3.10）变形，得到均衡状态下现期国债与未来财政状况间的关系：

$$b_t = \frac{1}{(1 + \rho_{t+1})}(b_{t+1} - f_{t+1}) \tag{3.11}$$

其中，f_{t+1} 表示基本赤字，$-f_{t+1}$ 表示基本盈余。式（3.11）给出了当期债务规模与未来期折现因子、未来期债务规模、未来期财政盈余之间的关系，等式左侧衡量当期可持续债务规模，等式右侧衡量未来财政状况与经济环境。式（3.11）有两种实际经济含义，一是在考虑 $t+1$ 期财政与宏观经济实际情况下，经济体在 t 期可以维持的可持续债务规模。在其他条件不变的情况下，若预期 $t+1$ 期财政恶化，基本赤字持续扩大，为了维持财政可持续性则需要减少 t 期债务规模；若预期 $t+1$ 期缩减债务规模，为了维持债务可持续性则需要减少 t 期债务规模；若预期 $t+1$ 期国债利率走高、通货紧缩或经济增长率低，为了维持债务可持续性则需要减少 t 期债务规模。二是为了维持债务的可持续性，有关部门需要控制 $t+1$ 期财政政策与宏观经济政策走向。若 t 期债务规模大，为了维持债务可持续性，财政部门在 $t+1$ 可通过增加税收或减少政府支出降低基本赤字，也可以通过发债融资增加财政收入，或者降低国债利率、提高经济增长率，甚至制造通货膨胀达到减少折现因子的效果来实现。将 b_{t+1}，b_{t+2}，b_{t+3} ……取期望值后依次迭代，得：

$$b_t = E_t\left[\left(\prod_{i=1}^{n}\frac{1}{(1+\rho_{t+i})}\right)b_{t+n}\right] - E_t\left[\sum_{i=1}^{n}\left(\prod_{j=1}^{i}\frac{1}{(1+\rho_{t+j})}\right)d_{t+i}\right] \tag{3.12}$$

其中，$\prod_{i=1}^{n}\dfrac{1}{(1+\rho_{t+i})}$ 表示动态贴现因子，排除旁氏博弈路径，需满足横截性条件：$\lim\limits_{n\to\infty}E_t\left[\left(\prod_{i=1}^{n}\dfrac{1}{(1+\rho_{t+i})}\right)b_{t+n}\right]=0$。非旁氏博弈条件是家庭部门的行为最优化原则，在稳态时是家庭部门的最优化横截性条件（McCallum，1984）。满足非庞氏博弈条件 $\lim\limits_{n\to\infty}E_t\left[\left(\prod_{i=1}^{n}\dfrac{1}{(1+\rho_{t+i})}\right)b_{t+n}\right]=0$，意味着国债增长速度小于国债真实利率，排除财政部门依靠借新债偿还旧债的情况，债务在未来无穷远期的现值收敛于 0；如果不满足非旁氏博弈条件，则说明国债增长速度大于或等于国债真实利率 $1+\rho_t$，在这种情况下，财政部门可以不断依靠增发债务偿还已有债务利息，违背家庭部门行为最优化原则，未来债务发散，债务不可持续。

当满足非旁氏博弈条件 $\lim\limits_{n\to\infty}E_t\left[\left(\prod_{i=1}^{n}\dfrac{1}{(1+\rho_{t+i})}\right)b_{t+n}\right]=0$ 时，$b_t=-E_t\left[\sum_{i=1}^{n}\left(\prod_{j=1}^{i}\dfrac{1}{(1+\rho_{t+j})}\right)d_{t+i}\right]$，其经济含义是未来无穷远期债务现值收敛于 0，现期债务规模等于未来预期财政盈余现值的总和，此时认为债务是可持续的。因此，上式可以作为判断债务可持续的条件。需要注意的是，贴现因子 $\dfrac{1}{(1+\rho_{t+j})}$ 是一个动态变量。

3.1.3 可持续度量指标

以政府预算约束条件为基础，构造判断可持续债务的指标。

$$b_t = g_t - s_t + (1+\rho_t)b_{t-1} \tag{3.13}$$

其中，s_t 表示 t 期税收收入与铸币税收入，$s_t = t_t + m_t - \dfrac{1}{(1+\pi_t)(1+\theta_t)}$

m_{t-1}，令 $f(x) = \exp(\ln b_t) - \exp(\ln g_t) + \exp(\ln s_t) - \exp[\ln(1 + \rho_t) + \ln b_{t-1}] = 0$，泰勒级数展开，得：

$$\ln b_t \simeq c + \frac{g}{b}\ln g_t - \frac{s}{b}\ln s_t + (1 + \rho)\ln(1 + \rho_t) + (1 + \rho)\ln b_{t-1} \qquad (3.14)$$

其中，$c = -\rho\ln b - \frac{g}{b}\ln g + \frac{s}{b}\ln s - (1 + \rho)\ln(1 + \rho)$。设 $\ln(1 + \rho_t) \simeq \rho_t > 0$，将 b_{t+1}，b_{t+2}，b_{t+3}……取期望值后向前迭代 n 期，得：

$$\ln b_t = (1 + \rho)^{-n}E_t(\ln b_{t+n}) - \sum_{i=1}^{n}(1 + \rho)^{-i}E_t(\ln k_{t+i}) \qquad (3.15)$$

式（3.15）表明，政府部门财政未来盈余的现值总和必须等于当期债务规模。其中，$k_t = c + \frac{g}{b}\ln g_t - \frac{s}{b}\ln s_t + (1 + \rho)\ln(1 + \rho_t)$，为政府基本赤字的对数表达形式，$-k_t$ 则可理解为政府基本盈余。为了排除旁氏博弈路径，需要满足横截性条件：$\lim\limits_{n \to \infty}(1 + \rho)^{-n}E_t(\ln b_{t+n}) = 0$，则 $\ln b_t = -\sum_{i=1}^{n}(1 + \rho)^{-i}E_t(\ln k_{t+i})$，经济含义为现期可持续债务规模等于未来期政府预算基本盈余现值总和。如果 k_t 平稳，那么 $\ln b_t$ 平稳，b_t 也平稳。由式（3.14）可知，当达到稳定状态时，债务可持续满足 $\ln b_t \simeq -\frac{c}{\rho} - \frac{g}{\rho b}\ln g_t + \frac{s}{\rho b}\ln s_t - \frac{1 + \rho}{\rho}\ln(1 + \rho_t)$。

假设政府将未来 $t+n$ 期的目标债务确定为 $\ln(b_{t+n}) = \ln(b_{t+n}^*)$，带入式（3.15）得：

$$(1 + \rho)^{-n}(\ln b_{t+n}^*) = \ln b_t + \sum_{i=1}^{n}(1 + \rho)^{-i}E_t(\ln k_{t+i}) \qquad (3.16)$$

式（3.16）左侧表示 $t + n$ 期政府目标债务对数贴现值，右侧表示满足跨期预算约束的可持续债务规模，通过比较等式两侧判断政府债务目标是否可持续。整理得：

$$I(t, n) = (1 + \rho)^{-n}(\ln b_{t+n}^*) - \ln b_t - \sum_{i=1}^{n}(1 + \rho)^{-i}E_t(\ln k_{t+i}) \qquad (3.17)$$

其中，$k_t = c + \dfrac{g}{b}\ln g_t - \dfrac{s}{b}\ln s_t + (1 + \rho)\ln(1 + \rho_t)$，$s_t = t_t + m_t -$

$\dfrac{1}{(1 + \pi_t)(1 + \theta_t)}m_{t-1} \circ - \sum\limits_{i=1}^{n}(1 + \rho)^{-i}E_t(\ln k_{t+i})$ 用来衡量 $t+n$ 期财政预算

的基本盈余现值，度量未来 n 期内财政状况对 t 期债务可持续性的影响。如果未来 n 期内政府支出上升或政府收入下降，贴现因子 ρ 上升，引起财政现值下降，影响现期债务可持续性。如果现期债务不可持续，则需要调整未来财政政策，如增加政府收入，降低支出水平或增发债务融资达到增加财政盈余的效果；也可以通过控制宏观经济变量减小折现因子，改善不可持续状态，如降低国债利率、减少国债付息、抑制通货紧缩或提高经济增长率等。在满足跨期预算约束条件下，$I(t, n)$ 是判断债务可持续与否的指标，如果 $I(t, n) \leq 0$，意味着当经济达到均衡状态时，未来 $t+n$ 期的债务不会累积增加，政府债务是可持续的；如果 $I(t, n) > 0$，意味着未来 t $+n$ 期的债务会持续增加，政府债务不可持续。

根据指标 $I(t, n)$，依据未来财政状况与宏观经济情况对当期债务可持续与否做出判断，需要对 k_{t+i} 进行预测。由式 $k_t = c + \dfrac{g}{b}\ln g_t - \dfrac{s}{b}\ln s_t +$ $(1 + \rho)\ln(1 + \rho_t)$ 可知，影响 k_t 的变量是政府债务 b、政府支出 g、政府收入 s、折现因子 ρ（$1 + \rho_t = \dfrac{r_t}{(1 + \pi_t)(1 + \theta_t)}$，其中 r_t 表示利率，π_t 表示通货膨胀率，θ_t 表示经济增长率）。以上述因素为变量，建立向量自回归模型预测 k_{t+i}。向量自回归模型是一种经济预测准确性较高的模型，它不以严格的经济理论为基础，强调经济系统内经济变量之间的动态关系，一方面克服了传统统计学方法处理突发事件的不足；另一方面克服了数据量少的问题，因此在实际应用中常被用作预测分析的工具。基于模型建立 VAR 模型：

$$Y_t = \prod Y_{t-p} + \varepsilon_t \qquad (3.18)$$

$$Y_t = (b_t, g_t, s_t, \theta_t, \pi_t, r_t)', \quad \varepsilon = (\varepsilon_{1t} \quad \varepsilon_{2t} \quad \varepsilon_{3t} \quad \varepsilon_{4t} \quad \varepsilon_{5t})' \qquad (3.19)$$

$$\Pi = \begin{bmatrix} \pi_{11} & \pi_{12} & \pi_{13} & \pi_{14} & \pi_{15} \\ \pi_{21} & \pi_{22} & \pi_{23} & \pi_{24} & \pi_{25} \\ \pi_{31} & \pi_{32} & \pi_{33} & \pi_{34} & \pi_{35} \\ \pi_{41} & \pi_{42} & \pi_{42} & \pi_{44} & \pi_{45} \\ \pi_{51} & \pi_{52} & \pi_{53} & \pi_{54} & \pi_{55} \end{bmatrix} \quad (3.20)$$

其中，ε_{1t} ε_{2t} ε_{3t} ε_{4t} ε_{5t} $\sim$ $\prod D(0, \sigma^2)$，$\text{COV}(\varepsilon_{it}, \varepsilon_{jt}) = 0$，$(i \neq j, i, j = 1, \cdots 6)$。$b_t$ 表示债务，g_t 表示政府支出，s_t 表示政府收入，θ_t 表示经济增长率，π_t 表示通货膨胀率，r_t 表示利率。

3.2 实证分析

在债务可持续度量指标的理论分析基础上，选取中国 1986—2013 年的经济数据。分析历年财政收支状况与经济运行情况对中国债务可持续性的影响，检验中国债务的可持续性，发现影响债务可持续的因素，为未来政策调整方向与力度提供参考，分析 2014—2018 年中国债务可持续性。

3.2.1 数据说明

债务规模。从理论方面讲，一个国家的国债指政府负有偿还责任的所有债务，包括显性债务与隐性债务、或有债务，但是隐性债务和或有债务规模在中国缺乏统计数据，就规模估计问题理论界也没有达成共识。而有统计的国债构成了政府债务的主体，政府对国债负有必须清偿的责任，因此，在本节实证分析中，将有统计数据的中国国债看作政府债务的代理变量，用 b_t 代表 t 期国债余额占当年 GDP 的比重。

国债利率的选择。国债利率衡量的是国家财政部门发行债务融资的必要成本支出，如果国债利率低于市场利率，吸引不了投资者，如果国债利率高于市场利率，则会产生不必要的成本支出，加重财政负担，因此一般情况下认为国债利率与市场利率大致相同。市场利率以银行利率为基准上下浮动，浮动方向取决于当期市场资金供求情况，如果资金供给大于资金需求，则市场利率低于银行利率，如果资金供给小于资金需求，市场利率则高于银行利率，但波动幅度有限，在长期过程中，一般认为国债利率等于银行利率。本书在实证分析过程中选取银行一年期存款利率作为国债利率，用 r_t 表示 t 期国债利率。

g_t 代表 t 期政府支出占 GDP 的比重，s_t 代表 t 期政府收入占 GDP 的比重，π_t 表示 t 期通货膨胀率，θ_t 表示 t 期经济增长率。数据来自《中国统计年鉴》以及统计局和财政部等相关网站。1986 年之前，中国财政收入与财政支出的巨大差额，大部分是财政部通过向中国人民银行借款来填补，即发行货币融资，少部分依靠国债发行。1993 年《国务院关于金融体制改革的决定》明确禁止财政部向中国人民银行借款弥补赤字，货币融资填补赤字方式受阻，财政部门只得通过发行国债为赤字融资，从表 3.1、图 3.1、图 3.2 可以看出，随后历年政府发行债务规模开始增加。自 1997 年亚洲金融危机之后，中国在实施积极财政政策的过程中，政府财政赤字与债务规模不断增大，每年发行债务规模占当年国内生产总值的比重均在 4%以上。随后中国经济复苏，2007 年财政首次出现盈余。2009 年，一方面受通货紧缩及偿债高峰期的影响；另一方面政府为应对金融危机出台 4 万亿元经济刺激计划，财政赤字激增，为弥补财政赤字，当年债务发行额占 GDP 的比值达 5.3%。在之后的几年中，随着中国经济内在增长机制效应的显现，2012 年以后赤字率维持在一个较为稳定的水平，国债发行规模也相对稳定。

表 3.1 1986—2013 年中国财政收入、财政支出、
国债发行规模占国内生产总值比重（%）

年份	财政收入/GDP	财政支出/GDP	国债发行规模/GDP	年份	财政收入/GDP	财政支出/GDP	国债发行规模/GDP
1986	20.651 8	21.458 6	0.608 4	1989	15.683 0	16.618 1	1.317 7
1987	18.238 9	18.760 1	0.969 2	1990	15.733 5	16.518 2	1.056 5
1988	15.670 2	16.560 8	1.254 9	1991	14.459 4	15.548 1	1.291 2

续表

年份	财政收入/GDP	财政支出/GDP	国债发行规模/GDP	年份	财政收入/GDP	财政支出/GDP	国债发行规模/GDP
1992	12.938 0	13.899 4	1.711 4	2003	15.987 9	18.148 6	4.623 7
1993	12.308 2	13.138 4	1.079 2	2004	16.510 4	17.817 9	4.330 7
1994	10.826 4	12.018 4	2.360 2	2005	17.113 5	18.346 9	3.807 8
1995	10.267 8	11.224 4	2.485 2	2006	17.918 5	18.687 0	4.106 7
1996	10.407 9	11.151 9	2.596 0	2007	19.307 7	18.728 1	8.705 1
1997	10.954 6	11.692 0	3.054 0	2008	19.529 1	19.931 1	2.725 1
1998	11.701 0	12.793 7	4.512 6	2009	20.099 1	22.381 7	5.258 8
1999	12.761 4	14.705 7	4.477 2	2010	20.697 1	22.383 9	4.925 9
2000	13.501 3	16.012 3	4.693 9	2011	21.955 9	23.091 7	3.614 4
2001	14.943 2	17.238 2	4.454 0	2012	22.594 7	24.224 7	2.318 7
2002	15.709 5	18.326 8	4.931 6	2013	22.702 7	24.566 3	2.351 1

资料来源：2012 年数据来自国家统计局《中国统计年鉴》，2013 年的数据来自统计局及财政部。

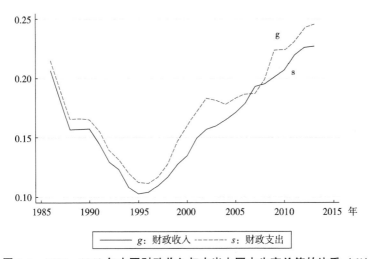

图 3.1 1986—2013 年中国财政收入与支出占国内生产总值的比重（%）

3.2.2 结果分析

经验分析发现，债务可持续度量指标在 $n=1$ 时，判断分析效果最佳。根据式（3.17），$(1+\rho)^{-n}(\ln b_{t+n}{}^*) - \ln b_t = \sum_{i=1}^{n}(1+\rho)^{-i}E_t(\ln k_{t+i})$，假

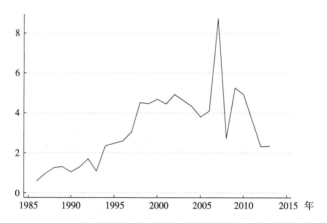

图 3.2 1986—2013 年中国历年债务发行规模占国内生产总值的比重（%）

设未来一期债务目标仍为现行债务规模，即 $\ln b_{t+1}^{*} = \ln b_{t}$ ，可持续债务度量指标式（3.17）变为：

$$I(t, 1) = ((1 + \rho)^{-1} - 1)\ln b_{t} - (1 + \rho)^{-1}E_{t}(\ln k_{t+1}) \qquad (3.21)$$

根据理论模型分析我们知道满足跨期预算约束的条件，如果 $I(t, 1) \leqslant 0$ 则表示政府债务可持续；如果 $I(t, 1) > 0$ ，则表示政府债务不可持续。实证检验结果显示（表 3.2），$I(1998, 1) > 0$，$I(1999, 1) > 0$，$I(2002, 1) > 0$，$I(2009, 1) > 0$，表明中国债务在 1998 年、1999 年、2002 年与 2009 年出现不可持续性风险。

表 3.2 1986—2013 年中国债务可持续度量指标值

年份	指标值	年份	指标值
1986	−42. 155 2	1995	−65. 351 9
1987	−60. 337 2	1996	−40. 242 7
1988	−114. 36	1997	−34. 469 8
1989	−31. 732	1998	4. 329 7[*]
1990	−5. 638	1999	6. 546 3[*]
1991	−20. 398 3	2000	−9. 737 6
1992	−58. 128 2	2001	−16. 807 5
1993	−93. 864 2	2002	0. 900 9[*]
1994	−116. 179	2003	−22. 391 6

续表

年份	指标值	年份	指标值
2004	−49. 63	2009	0. 184 7 *
2005	−30. 270 7	2010	−35. 964 8
2006	−25. 831 7	2011	−46. 146 8
2007	−38. 633 7	2012	−26. 426 8
2008	−84. 283 6	2013	−8. 866 8

资料来源： * 基于国家统计局、财政部、《中国统计年鉴》数据计算得到。

根据理论分析，债务可持续与否主要受两方面的影响，一是基本盈余现值[1]，二是未来债务规模现值，两者都受到折现因子的影响。需要注意的是，在评价债务可持续性的指标构建过程中，使用的折现因子不是目前一期或者几期国债的利率，受国债利率、通货膨胀率与经济增长率的共同影响。分解指标可以发现（图 3. 3），1998 年、1999 年、2009 年债务不可持续风险主要来自庞大的债务发行规模。出现高额债务的 1998 年和 1999 年，正是中国财政部门应对亚洲金融危机的时期，当时中国出现巨额财政赤字，经济疲软，出现偿债风险，当年国债发行量达到 4 015 亿元，为中国国债发行史上的首个高峰，债务不可持续风险显露。2009 年，为弥补政府 4 万亿元经济刺激计划遗留下的财政赤字，债务发行规模激增，其间正是偿债高峰期，债务出现累逼趋势。当年国债发行量为 17 927. 24 亿元，债务可持续性再次出现风险。2002 年债务的不可持续风险则主要来自基本盈余现值，通货紧缩与低经济增长率使折现因子变大，致使基本盈余现值减少，不足以维持债务的可持续性。另外，通过对中国历年债务可持续度量指标成分分解可以发现，指标的波动主要受基本盈余现值的影响，债务发行规模的变化对指标的波动性贡献相对较弱。

---

[1] 政府财政盈余与国债可持续关系的进一步分析验证见第 6 章。

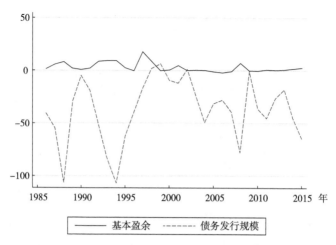

图 3.3　1985—2015 年债务可持续度量指标成分分解

建立包含债务 b_t，政府支出 g_t，政府收入 s_t，经济增长率 θ_t，通货膨胀率 π_t，利率 r_t 的 VAR 模型。预测各变量，对基本盈余 $k = \dfrac{g}{b} \ln g_t - \dfrac{s}{b} \ln s_t + (1+\rho) \ln (1+\rho_t)$ 进行估计。根据已有历史数据做出 2014 年至 2018 年经济变量预测值，带入指标 $I(t, 1)$ 分析得：$I(2014, 1) < 0$，$I(2015, 1) < 0$，$I(2016, 1) < 0$，$I(2017, 1) < 0$，$I(2018, 1) < 0$，结果表明基于模型预测，2014—2018 年中国债务是可持续的（见表 3.3）。

表 3.3　2014—2018 年债务可持续度量指标值

年份	2014	2015	2016	2017	2018
$I(t, 1)$	−47.42	−66.92	−71.14	−65.68	−55.63

3.3　结论

本章通过对政府财务收支状况的分析，考虑利率水平、通货膨胀率、经济增长等宏观经济情况，在政府跨期预算约束条件下，排除旁氏博弈路径，消除政府借新债偿还旧债的可能性，构造判断可持续债务的指标。债务可持续度量指标构建过程中，发现债务、总赤字与通货膨胀率、经济增长率之间具有动态关系。表明任何忽略具体宏观经济运行情况的静态趋同指标都不适合直接用来指导一个国家的国债政策。

实证检验部分，分析了历年财政收支状况与经济运行情况对中国债务可持续性的影响，研究发现，中国债务在 1998 年、1999 年、2002 年与 2009 年出现不可持续性风险。通过分解指标发现，1998 年、1999 年、2009 年债务不可持续的风险主要来自过大的债务发行规模，2002 年债务的不可持续风险则主要来自基本盈余现值，尤其是受到国债利率、通胀紧缩、低经济增长率所引起的折现因子增大的影响。这对于财政政策制定有重要指导意义。最后通过向量自回归模型预测变量值，判断 2014—2018 年中国政府财政收支状况与经济运行情况的变化对近期债务可持续性的影响，研究显示，2014—2018 年中国债务具有可持续性，债务风险总体可控，但中国债务绝对规模的快速累积增长仍需警惕。另外，此指标在用来判断债务是否可持续的同时，通过对中国历年债务可持续度量指标成分分解，发现债务可持续指标的波动主要受基本盈余现值的影响，债务发行规模变化对指标的波动性贡献相对较弱，可为国债政策的调整提供参考标准。

4 国债内生增长对可持续性的影响

国债的可持续与政府财政盈余密切相关，当宏观经济实现稳定增长，政府财政有充足的资金来源，此时政府财政拥有足够的偿付能力维持国债的还本付息，可以实现债务的可持续发展。国债融资的过程，实质上是政府向公众募集资金，把公众储蓄、社会剩余闲置资金转化为公共资本的过程。公共资本是指政府在公共部门的公共投资中形成的资本，国际研究表明，公共资本是决定经济增长和生产率的重要因素。政府通过发行债务，将社会闲置资金以公共资本的形式为经济增长注入活力，生产性公共资本在投资项目中充分发挥生产性，将获得的收益逐步偿还投资，实现以国债融资的"内生"收益还债，打破借新债还旧债"以债养债"的机制。因此，为了维持政府财政对国债的可支付性，维持国债的可持续发展，需要实现国债融资的内生增长。故而，在探讨国债可持续性问题时，国债、公共资本、经济内生增长之间的内在机理需要深入分析。本章通过建立包括家庭部门、企业部门和政府部门的内生经济增长模型，研究国债、公共投资与经济增长之间的关系，疏导国债内生化过程，并进行实证检验。

4.1 模型构建

构建包括家庭部门、企业部门与政府部门在内的内生经济模型。

4.1.1 家庭部门

家庭部门面临的优化问题：

$$\max_{C(t)} \int_0^\infty e^{-\rho t} LU[C(t)] dt \qquad (4.1)$$

受约束于：

$$C(t) + \dot{K}(t) + \dot{B}(t) = (1 - \tau)[\omega(t) + r_1(t)K(t) + r_2(t)B(t)] + T_p(t) \qquad (4.2)$$

其中，ρ 表示贴现因子，$C(t)$ 表示家庭在 t 期的消费，$U(\cdot)$ 表示家庭部门的效用函数，$K(t)$ 表示 t 期家庭部门的物质资本量，$B(t)$ 表示 t 期家庭部门持有的政府债券，τ 表示税率，$\omega(t)$ 表示 t 期工资率，$r_1(t)$ 表示 t 期固定资产收益率，$r_2(t)$ 表示 t 期债券收益率，$\omega(t) + r_1(t)K(t) + r_2(t)B(t)$ 表示经济人的收入（包括工资与利息收入），$T_p(t)$ 表示 t 期政府转移支付。同时，假设人力资本在各个时期保持不变，总人口数不变，为简化分析过程，令 $L = 1$。效用函数为不变弹性形式：

$$U(C) = = \begin{cases} \dfrac{C(t)^{1-\sigma} - 1}{1 - \sigma}, & \sigma \neq 1 \\ \ln C, & \sigma = 1 \end{cases} \qquad (4.3)$$

其中，σ 为常数，表示不变的效用弹性。在内生增长有界假设下，求解家庭部门的最优化问题，令 $S = K + B$，表示家庭部门资本，面临的约束条件可表述为：

$$\dot{S} = -C - (1 - \tau)(w + r_1 K + r_2 B) + T_p \qquad (4.4)$$

因此，家庭部门的问题是在式（4.4）的约束下选择消费，实现效用最大化。构建汉密尔顿函数：

$$H(\cdot) = 1 \cdot u(C) + \lambda_1 (1 - \tau)(w + r_1 K + r_2 B) + T_p - C + \lambda_2 (S - K - B) \qquad (4.5)$$

则，λ_1 表示总资本的影子价格，λ_2 表示拉格朗日乘子。对汉密尔顿函数关于 C 两边求导，令求导后的式子等于 0，得：

$$\lambda_1 = u'(C) \qquad (4.6)$$

$$\dot{\lambda}_1 = \rho \lambda_1 - \lambda_2 \qquad (4.7)$$

$$\frac{\dot{C}}{C} = -\frac{1}{\sigma}\left(\rho - \frac{\lambda_1}{\lambda_2}\right) \qquad (4.8)$$

为避免旁氏博弈，家庭部门需要满足横截性条件：$\lim\limits_{t \to \infty} e^{-\rho t} \lambda_1 S = 0$。

4.1.2 企业部门

假设市场为竞争性市场，企业部门的生产函数为柯布-道格拉斯函数，则人均资本生产函数为：

$$f(K,\ G) = K^{\alpha}\left(\frac{G}{L}\right)^{\beta} \tag{4.9}$$

其中，K 表示人均私人资本存量，G 表示公共资本存量，α 表示私人资本的产出弹性，β 表示公共资本的产出弹性，$0 < \alpha,\ \beta < 1$。此处认为公共资本对私人资本不存在挤出效应。又因为企业处于竞争性市场中，因此工资率等于劳动的边际产量，利率等于资本的边际产量，即：

$$w = (1 - \alpha)K^{\alpha}G^{\beta} \tag{4.10}$$

$$r_1 = \alpha K^{\alpha - 1}G^{\beta} \tag{4.11}$$

4.1.3 政府部门

政府部门的预算约束条件为：

$$T + \dot{B} = r_2 B + C_p + T_p + I_p \tag{4.12}$$

其中，T 表示政府的税收收入，$T = \tau(w + r_1 K + r_2 B)$；$C_p$ 表示公共消费；T_p 表示政府转移支付；I_p 表示公共投资。为了维持政府债务的可持续性，防止政府采取借新债还旧债的旁氏博弈行为，政府需要满足横截性条件：

$$\lim_{t \to \infty} B(t)\mathrm{e}^{-\int_0^{\infty} r_2(s)\,\mathrm{d}s} = 0$$

4.2 均衡分析

假设政府将部分税收收入 $\theta_0 T$ 支付非生产性的债务利息、公共消费和转移支付：$r_2 B + C_p + T_p = \theta_0 T$；部分税收收入进行公共投资：$I_p = \theta_1(1 - \theta_0)T$；满足附加条件 $\theta_0 < 1$。令 $C_p = \theta_2 T$，$T_p = \theta_3 T$，θ_2，$\theta_3 < 1$。政府支付债务利息的资金一部分 $\theta_4 r_2 B$ 来自政府税收收入，剩余部分 $(1 - \theta_4)r_2 B$ 来

自增发债务：$r_2B = \theta_4 r_2 B + (1 - \theta_4) r_2 B$，$0 \leqslant \theta_4 \leqslant 1$。当 $\theta_4 = 0$ 时，表示政府债务的利息由增发新债进行偿还，当 $\theta_4 = 1$ 时，表示政府债务利息由税收支付。

当经济实现均衡增长时，私人资本、公共资本、国债、消费以同样的速度增长，当家庭部门、企业部门和政府部门满足预算约束和横截性条件时，得经济均衡增长路径为：

$$\frac{\dot{K}}{K} = -\frac{C}{K} + K^{\alpha-1}G^\beta - \tau(\theta_1(1-\theta_0) + \theta_2)\left(K^{\alpha-1}G^\beta + \frac{B}{K}\alpha K^{\alpha-1}G^\beta\right) \quad (4.13)$$

$$\frac{\dot{G}}{G} = (1-\theta_0)\tau(K^\alpha G^{\beta-1} + \alpha K^{\alpha-1}G^{\beta-1}B) \quad (4.14)$$

$$\frac{\dot{B}}{B} = -(1-\theta_0)(1-\theta_1)\tau\left(\alpha K^{\alpha-1}G^\beta + \frac{K^\alpha G^\beta}{B}\right) + (1-\theta_4)(\alpha K^{\alpha-1}G^\beta) \quad (4.15)$$

$$\frac{\dot{C}}{C} = -\frac{\rho}{\sigma} + \frac{(1-\tau)\alpha K^{\alpha-1}G^\beta}{\sigma} \quad (4.16)$$

分别对 $g = \dfrac{G}{K}$，$b = \dfrac{B}{K}$，$c = \dfrac{C}{K}$ 关于时间求导，得动态均衡路径为：

$$\frac{\dot{g}}{g} = \theta_1(1-\theta_0)\tau(g^{\beta-1} + \alpha g^\beta b) + c - [1 - \tau(\theta_1(1-\theta_0) + \theta_2)(1+\alpha b)]g^\beta \quad (4.17)$$

$$\frac{\dot{b}}{b} = -(1-\theta_0)(1-\theta_1)\tau\left(\alpha + \frac{1}{b}\right)g^\beta + (1-\theta_4)(\alpha g^\beta)$$
$$+ c - [1 - \tau(\theta_1(1-\theta_0) + \theta_2)(1+\alpha b)]g^\beta \quad (4.18)$$

$$\frac{\dot{c}}{c} = -\frac{\rho}{\sigma} + \frac{(1-\tau)\alpha g^\beta}{\sigma} + c - [1 - \tau(\theta_1(1-\theta_0) + \theta_2)(1+\alpha b)]g^\beta \quad (4.19)$$

令 $\dfrac{\dot{b}}{b} = f_1(g, b, \theta_0; .) = 0$，$\dfrac{\dot{g}}{g} = f_2(g, b, \theta_0; .) = 0$，分别关于 $\theta = (\theta_1, \theta_2, \theta_3)$ 求导：

$$\begin{bmatrix} \partial b/\partial\theta \\ \partial g/\partial\theta \end{bmatrix} = -\frac{1}{\det M}\begin{bmatrix} \partial f_2/\partial g & -\partial f_1/\partial g \\ -\partial f_2/\partial b & \partial f_1/\partial b \end{bmatrix}\begin{bmatrix} \partial f_1/\partial\theta \\ \partial f_2/\partial\theta \end{bmatrix} \quad (4.20)$$

其中，$M = \begin{bmatrix} \partial f_1/\partial b & \partial f_1/\partial g \\ \partial f_2/\partial b & \partial f_2/\partial g \end{bmatrix}$，$\det M > 0$。

根据 θ_i，$i = 1, 2, 3$ 的定义，当 θ_1 增加时，表示政府财政支出中用于公共投资的份额增加；当 θ_2 增加时，表示政府财政支出中用于公共消费的份额增加；当 θ_3 增加时，表示政府财政支出中用于转移支付的份额增加。当以债务形式为公共消费、转移支付融资时，在预算约束条件 $\theta_4 r_2 B + C_p + T_p = \theta_o T$ 下，得：

$$\theta_0 = \theta_2 + \theta_3 + \theta_4 \frac{\alpha}{\tau(\alpha + b^{-1})} \tag{4.21}$$

此时，θ_0 内生化为关于 θ_2，θ_3，θ_4，τ，α，b 的变量，即：$\theta_0 = f(\theta_2$，θ_3，θ_4，τ，α，$b)$。令 $\theta_0 < 1$，由式（4.21）可知，当债务比率 b 增加时，θ_0 增加，政府公共支出的更高比例将用来进行非生产性的支付：债务利息、公共消费与转移支付。在政府支出总额不变的条件下，政府用于进行公共投资的支出份额减少，因此，当政府以债务形式为非生产性支付（债务利息、公共消费与转移支付）融资时，并不会促进经济增长。这表明国债融资进入非生产性领域时并不会实现内生增长。

公共消费与转移支付都可以归为公共消费品一类，大多存在于消费领域，具有一定的外部性。公共消费品的消费过程满足了消费者的消费需求与消费欲望，消费者获得满足感。公共消费一般存在于生产过程的最后环节，是生产过程的最终端。而公共投资属于公共资本品，作为一种生产要素或者是生产投入参与国民经济的生产流程中，会对社会的生产函数产生巨大的影响。如公共物质资本投资，作为一种生产资料或生产要素，存在于生产链条中的中间环节，对生产链条中的下一个或整个下游链条和环节具有重要的影响；又如教育与人力资本投资，根据新增长理论，劳动者素质关系整个生产过程或其他生产要素的效率，决定一个国家的经济增长速度与效率。由此我们发现，为了更好地促进国债融资的经济效应，提高经济均衡增长率，实现国债的内生化过程，应该加强国债融资公共资本品的投入。

假设经济社会中存在足够的社会剩余闲置资金，可为国债融资提供资金来源，同时，利率保持不变，则国债会通过两种途径对社会资金产生"挤入效应"（crowding-in-effects）。第一，当公共资本和私人资本存在互补关系时, 国债融资会带来挤入效应。在这种情形, 国债融资形成公共资本的过程中, 公众由于预期收益率的提高, 会增加私人资本的投入。同时当国债融资形成的公共资本品流向科研技术研发领域, 促进产业技术升级, 或者当国债融资形成的公共资本品进入与其他产业关联度高的领域, 产生的挤入效应会更加直接, 更能带动相关投资。第二, 当国债性质为减税国债时, 由于减税国债发行后, 企业所得税降低, 企业固定资产投资税减少, 在企业总资金保持不变的前提下, 企业用于投资的可支配资本增加, 将会有更多的企业资本流入投资领域。在一定约束条件下, 通过以上两种途径, 国债均可实现 "挤入效应"。当国债规模 b 增加时, 由于债务融资增加货币市场对资金的需求, 引起利率上升, 此时, 政府为了吸引投资者, 会提高债务利率, 融资成本加大, 故而国债融资的非生产性支出不会促进经济增长。

在经济均衡增长路径下, 私人资本、公共资本、债务和消费都按照相等的速度增长。即: $\frac{\dot{K}}{K} = \frac{\dot{G}}{G} = \frac{\dot{B}}{B} = \frac{\dot{C}}{C}$。令 $\alpha = 1 - \beta$, 由式 (4.16) 得长期经济均衡增长率 η^*:

$$\eta^* = -\frac{\rho}{\sigma} + (1-\tau)\frac{\alpha g^\beta}{\sigma} \tag{4.22}$$

其中, $g = \frac{G}{K}$, 表示公共投资与私人资本的比率。可见均衡经济增长率由 g 与其他外生参数 θ_i, $i = 1$, 2, 3 共同决定, 不考虑公共资本对私人资本的挤出效应, 在其他条件不变的情况下, 公共投资规模 g 越大, 均衡经济增长率越高。可将均衡经济增长率 η 看作关于公共投资 g 的函数: $\eta = f(g)$。

假设政府用税收对国债进行付息, 即 $\theta_4 = 1$, 且 $\theta_1 > 1$。当税收支出中公共投资比例 θ_1 增加时, 对均衡经济增长率关于 θ_1 求偏导:

$$\frac{\partial \eta}{\partial \theta_1} = (1-\tau)\alpha\beta \frac{g^{\beta-1}}{\sigma} \frac{\partial g}{\partial \theta_1} \tag{4.23}$$

当 $\tau(1-\theta_0)(1+(1-\alpha)b)\left[\theta_1 + \frac{\theta_1-1}{b(1-\alpha)}\right] > 1$ 时, 由于 $\det M > 0$,

$\frac{\partial f_1}{\partial \theta_1} \frac{\partial f_2}{\partial b} - \frac{\partial f_1}{\partial b} \frac{\partial f_2}{\partial \theta_1} > 0$, 因此 $\frac{\partial \eta}{\partial \theta_1} = (1-\tau)\alpha\beta \frac{g^{\beta-1}}{\sigma} \frac{\partial g}{\partial \theta_1} > 0$, 表明在一定约束条件下, 增加政府支出中用于公共投资的比率 θ_1, 则 $\frac{\partial g}{\partial \theta_1} > 0, \frac{\partial \eta}{\partial \theta_1} > 0$, 稳态时的均衡经济增长率增加, 意味着增加公共投资比率 θ_1 会提高均衡经济增长率。

当国债融资全部形成生产性的公共投资时, $\frac{\partial \theta_0}{\partial b} = 0$, 保持税收收入中用来支付公共投资的比率不变, 即 $\dot{\theta}_1 = 0$, 则 $\frac{\partial f_1}{\partial \theta_1} \frac{\partial f_2}{\partial b} - \frac{\partial f_1}{\partial b} \frac{\partial f_2}{\partial \theta_1} > 0, \frac{\partial \eta}{\partial \theta_1} = (1-\tau)\alpha\beta \frac{g^{\beta-1}}{\sigma} \frac{\partial g}{\partial \theta_1} > 0$。这表明国债融资以生产性的公共投资支出时, 有利于均衡经济增长率的提高。但是并不能无限制发放国债, 如前面对式 (4.21) 的讨论。

同理, 对 $\eta^* = -\frac{\rho}{\sigma} + (1-\tau) \frac{\alpha g^{\beta}}{\sigma}$ 关于 θ_i, $i=2, 3$ 求偏导, 得:

$$\frac{\partial \eta}{\partial \theta_i} = (1-\tau)\alpha\beta \frac{g^{\beta-1}}{\sigma} \frac{\partial g}{\partial \theta_i} < 0, \ i=2, 3 \qquad (4.24)$$

表明当政府支出中用于非生产性的公共消费与转移支付比率增加, 即 θ_i, $i=2, 3$ 增加时, 在总支出不变的条件下, 受预算约束条件的制约, 用于进行公共投资的比率降低, 因此, 降低了稳态时的均衡经济增长率。

4.3 实证分析

由上述理论分析可知, 均衡经济增长率是关于公共投资的函数, $\eta = f(g)$, 在总量模型中, 私人部门的经济总量产出函数为: $Y = f(G, K, B, L)$, 生产函数为柯布-道格拉斯形式, 建立包含总产出 Y、国债 B、转移支付 TR、私人投资 PI、公共投资 GI、政府消费 GC 的模型, 形式如下:

$$\ln Y = \beta_0 + \beta_1 \ln B + \beta_2 \ln TR + \beta_3 \ln PI + \beta_4 \ln GI + \beta_5 \ln GC \qquad (4.25)$$

4.3.1 指标选取与数据来源

根据中国经济发展实践,以中国 1986—2013 年的年度相关数据为样本,构建向量误差修正模型,对上述理论分析进行实证检验。其中,总产出 Y 由国内生产总值衡量,国债数据选取中国历年国债余额 B 衡量,转移支付 TR 由于数据获取的限制,以中央专项支付代替,用国家历年预算内固定资产总额衡量公共投资 GI,历年固定资产形成总额与国家历年预算内固定资产投资、外商投资的差额衡量私人投资 PI,政府消费 GC 数据根据由支出法衡量的国内生产总值获取。以上数据来自中国资讯行—中国统计数据库《中国统计年鉴》(2022)、《中国民政统计年鉴》(2014)。

4.3.2 单位根检验

上述指标取对数后,对总产出 ($\ln Y$),国债规模 ($\ln B$),转移支付 ($\ln TR$),私人投资 ($\ln PI$),公共投资 ($\ln GI$),政府消费 ($\ln GC$) 进行平稳性检验。通过时间趋势图 (见图 4.1) 可以看出,各经济变量有常数项,同时,由于各经济变量带有时间趋势特征,因此考虑带常数项与时间趋势项的单位根检验。

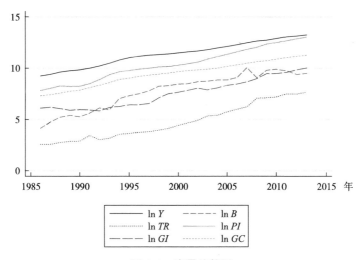

图 4.1 变量趋势图

为防止扰动项自相关,选择 ADF 单位根检验,按照菲利普斯(Phillips, 1988)的建议,最大滞后阶数 $p_{max} = \text{int}\left[4(28/100)^{\hat{}(2/9)}\right] = 3$。检验结果如表 4.1 所示,各变量的 ADF 统计量均大于 95% 的临界值:$-1.607 > -4.000$, $-2.099 > -4.000$, $0.451 > -4.000$, $0.290 > -4.000$, $0.190 > -4.000$, $-1.373 > -4.000$,因此无法在 5% 的置信水平上拒绝存在单位根的原假设,即认为各变量均存在单位根,为非平稳时间序列。

表 4.1　各变量的单位根检验

变量	ADF 统计量	临界值（1%）	临界值（5%）	临界值（10%）
ln Y	-1.607	-4.750	-4.000	-2.630
ln B	-2.099	-4.750	-4.000	-2.630
ln TR	0.451	-4.750	-4.000	-2.630
ln PI	0.290	-4.750	-4.000	-2.630
ln GI	0.190	-4.750	-4.000	-2.630
ln GC	-1.373	-4.750	-4.000	-2.630

对于非平稳时间序列,传统的中心极限定理不再适用,最小二乘估计失效。如果各变量的时间序列经过 d 次差分后均变为平稳序列,则认为变量之间存在长期均衡关系,变量之间是 d 阶协整的。对模型中各变量进行一阶差分,从差分后的序列趋势图(见图 4.2)可以看出,一阶差分后各变量既无常数项,也无明显的时间趋势项。因此在对一阶差分序列进行单位根检验时,考虑方程中没有常数项的检验。另外,各变量之间的升降性具有一定的联动关系,总产出(ln Y)、债务规模(ln B)、转移支付(ln TR)、私人投资(ln PI)、政府投资(ln GI)、政府消费(ln GC)很可能存在长期均衡关系,即协整关系。

对各变量的一阶差分进行单位根检验,检验结果如表 4.2 所示。各变量的 ADF 统计量均小于 5% 的临界值,$-2.936 < -1.734$, $-2.519 < -1.734$, $-2.277 < -1.734$, $-4.228 < -1.734$, $-2.460 < -1.734$, $-2.212 < -1.734$,可以在 5% 的置信水平上拒绝存在单位根的原假设,即可以认为总产出(ln Y)、债务规模(ln B)、转移支付(ln TR)、私人投资(ln

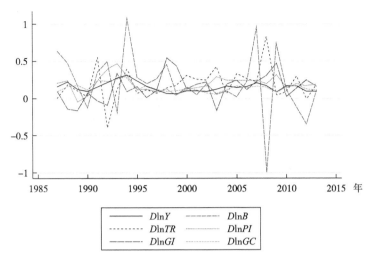

图4.2　各变量一阶差分趋势图

PI)、政府投资（$\ln GI$）、政府消费（$\ln GC$）经过一阶差分后为平稳时间
序列，为 $I(1)$ 过程。

表4.2　一阶差分单位根检验

变量	ADF 统计量	临界值（1%）	临界值（5%）	临界值（10%）
$D\ln Y$	−2.936	−2.552	−1.734	−1.330
$D\ln B$	−2.519	−2.552	−1.734	−1.330
$D\ln TR$	−2.277	−2.552	−1.734	−1.330
$D\ln PI$	−4.228	−2.552	−1.734	−1.330
$D\ln GI$	−2.460	−2.552	−1.734	−1.330
$D\ln GC$	−2.212	−2.552	−1.734	−1.330

4.3.3　协整检验

单位根检验用来检验单个变量时间序列的平稳性，而协整检验则用来
检验一组非平稳变量组合之间的稳定性。如果存在协整关系，则意味着变
量组中各变量之间存在长期均衡关系。对变量组做包含常数项与时间趋势
项的 Johansen 协整秩检验（trace statistic），检验结果如表4.3所示，当原
假设为协整方程、个数最多为 0 时，Johansen 秩检验统计量结果显示

142.599>104.94，可以在5%的置信水平上拒绝协整方程是0个的原假设，认为变量组存在协整关系；当原假设为最多存在两个协整方程时，秩检验统计量结果显示 55.521<55.640，无法在5%的置信水平上拒绝协整方程最多为2的原假设（表中打星号者），认为变量组最多存在两个协整关系，即最多存在两个线性无关的协整向量，消除原非平稳序列的随机趋势项。但是在最大特征值检验（max statistic）中，拒绝存在单位根的假设，接受存在一个单位根的假设。通过实证检验，我们最终接受总产出（ln Y）、债务规模（ln B）、转移支付（ln TR）、私人投资（ln PI）、政府投资（ln GI）、政府消费（ln GC）之间存在一个协整关系的假设。

表4.3　Johansen 协整检验

最多协积秩个数	parms	LL	特征值	迹检验统计量	5%临界值
0	48	169.969	.	142.599	104.94
1	59	197.912	0.883	86.713	77.74
2	68	214.508	0.699	55.521 **	55.64
3	75	224.076	0.556	34.385	34.55
4	80	234.037	0.498	16.462	18.17
5	83	238.006	0.318	6.524	4.74
6	84	241.268	0.222	—	—
最多协积秩个数	parms	LL	特征值	最大特征值检验	5%临界值
0	48	169.969	.	55.886	42.48
1	59	197.912	0.883	31.192 **	36.41
2	68	214.508	0.699	21.136	30.33
3	75	224.076	0.556	17.923	24.78
4	80	234.037	0.498	9.938	16.87
5	83	238.006	0.318	6.524	4.74
6	84	241.268	0.222	—	—

注：** 表示在5%的水平上显著。

在确定了总产出（ln Y）、债务规模（ln B）、转移支付（ln TR）、私

人投资 ($\ln PI$)、政府投资 ($\ln GI$)、政府消费 ($\ln GC$) 之间的协整关系之后，建立向量误差修正模型。表 4.4 协整方程所代表的长期均衡关系估计结果信息，将总产出、债务规模、转移支付、私人投资、政府投资、政府消费之间的函数关系式表述如下：

$$\ln Y_t = 3.187 + \underset{(17.500)}{0.078}\ln B_t + \underset{(7.290)}{0.038}\ln TR_t + \underset{(47.190)}{0.048}\ln PI_t + \underset{(55.990)}{0.178}\ln GI_t$$
$$+ \underset{(35.480)}{0.042}\ln GC_t + \mu_t \tag{4.26}$$

式 (4.26) 中下方括号内数字代表的是 z 统计量检验结果，结果表明，各变量在 5% 的显著水平上均有统计显著性。从估计结果可以看出，总产出与债务规模、转移支付、私人投资、政府投资、政府消费之间存在长期正向均衡关系，表明增加任意一个变量，都会促进经济增长。回归结果显示，政府公共投资经济增长效应显著，产出弹性为 0.178，表明政府公共投资每增加 1%，长期国民经济总产出增加 0.178%，可见在市场化部门内公共投资具有明显的外部性。国债对长期均衡经济的影响次之，国债每增加 1%，长期国民经济总产出增加 0.078%，对经济增长的促进效应超过私人资本投资、政府消费、转移支付。中国现阶段适宜制定稳健的国债政策，增加公共投资的可支配资金来源，促进经济增长。

表 4.4 协整方程

beta	参数	标准差	z 统计量	P 值	[95% 置信区间]	
_ ce1						
$\ln Y$	1	.	.	.	.	.
$\ln B$	-0.078	0.004	-17.500	0.000	-0.087	-0.070
$\ln TR$	-0.038	0.001	-7.290	0.000	-0.049	-0.028
$\ln PI$	-0.048	0.010	-47.190	0.000	-0.496	-0.457
$\ln GI$	-0.178	0.003	-55.990	0.000	-0.184	-0.172
$\ln GC$	-0.042	0.012	-35.480	0.000	-0.044	-0.039
_cons	-3.187	.	—	—	—	—

根据向量误差修正模型估计结果，得到公共投资 ($\ln GI$) 的向量误差修正模型：

$$\Delta \ln GI_t = \underset{(0.156)}{0.0235} + \underset{(2.176)}{0.355 \Delta \ln Y_{t-1}} + \underset{(1.164)}{0.181 \Delta \ln Y_{t-2}} + \underset{(1.740)}{0.357 \Delta \ln B_{t-1}} + \underset{(1.568))}{0.054 \Delta \ln B_{t-2}}$$

$$- \underset{(0.207)}{0.351 \Delta \ln TR_{t-1}} - \underset{(-0.234)}{0.198 \Delta \ln TR_{t-2}} - \underset{(-0.855)}{1.840 \Delta \ln PI_{t-1}} - \underset{(-0.628)}{0.287 \Delta \ln PI_{t-2}}$$

$$+ \underset{(0.250)}{0.423 \Delta \ln GI_{t-1}} - \underset{(-0.237)}{0.293 \Delta \ln GI_{t-2}} - \underset{(-1.286)}{0.265 \Delta \ln GC_{t-1}} - \underset{(-1.152)}{0.176 \Delta \ln GC_{t-2}}$$

$$- \underset{(-1.688)}{5.572 \mu_{t-1}} \tag{4.27}$$

从式（4.27）可以看出，公共投资的短期波动由两部分决定，一部分来自偏离总产出长期均衡关系 μ_{t-1} 的调整；另一部分来自公共投资自身及其他变量滞后项的短期波动。误差修正项系数为-5.572，在5%的显著水平上有统计显著性，表明当公共投资偏离长期均衡状态时，该系统将以偏离程度的5.572倍在下一期朝着均衡点调整。公共投资的向量误差修正模型描述的是 $\Delta \ln GI$ 与各变量波动的短期均衡关系，表明滞后期的经济总产出、国债规模、转移支付、私人投资、公共投资、公共消费的变动都会对当期公共投资产生影响。数据处理过程中，我们将各变量数据做了自然对数变换，因此，从数学意义上讲，$\Delta \ln GI$ 表示的是一个公共投资增长率的概念。从估计结果看，国债是影响公共投资波动的重要因素，弹性系数为0.357，在5%的显著水平上有统计显著性，意味着国债融资对公共投资有显著影响作用，短期内国债每增加1个百分点，通过投资率将提高0.357%。此外，滞后一期的政府转移支付与政府公共消费对公共投资的影响系数分别为-0.351与-0.265，滞后两期的政府转移支付与政府公共消费对公共投资度影响系数分别为-0.198与-0.176，表明在公共资本资源有限的情况下，如果增加政府转移支付与政府公共消费的支出，公共投资不得不下降。

以上协整方程与向量误差修正模型的回归显示，国债与公共投资之间具有显著正相关关系，表明中国以国债形式融得资金的很大比例投向了政府公共投资领域，发行国债成为公共投资的重要资金来源，而公共投资与经济总产出之间正向关系显著，表明现阶段中国增加公共投资有利于经济发展。因此，只有充分发挥公共投资的经济效应，将公共投资用于更具有生产性的用途，促进生产力的提高，维持经济的稳态高速运行，政府才有足够资本对国债进行还本付息，维持国债的可持续性。由此可见，为了最大化国债的经济效应，维持国债的可持续性，需要在各投资领域合理配置公共资本。

4.3.4 稳健性检验

检验此向量误差修正模型的稳定性，特征值检验结果如表 4.5 所示，单位根结果如图 4.3 所示。结果显示，除了向量误差修正模型本身所假设的单位根之外，伴随矩阵的所有特征值均落在单位圆之内，因此这个向量误差修正模型是稳定的。

表 4.5 向量误差修正模型稳定性检验

特征值			模
1		—	1
1		—	1
1		—	1
1		—	1
1		—	1
-0.627 776	+	0.552 231 9i	0.836 1
-0.627 760	-	0.552 231 9i	0.836 1
0.580 037 4	+	0.594 810 6i	0.830 809
0.580 037 4	-	0.594 810 6i	0.830 809
0.081 030 16	+	0.787 728 6i	0.791 885
0.081 030 16	-	0.787 728 6i	0.791 885
0.686 883 5		—	0.686 883
-0.558 414 3		—	0.558 414
-0.147 196 7	+	0.487 725 i	0.509 453
-0.147 196 7	-	0.487 725 i	0.509 453
0.267 050 1	+	0.334 684 9i	0.428 17
0.267 050 1	-	0.334 684 9i	0.428 17
0.366 835 9		—	0.366 836

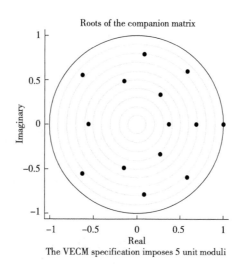

图 4.3　向量误差修正系统稳定性的判别图

4.4　结论

本章在三部门内生经济增长模型下，分析了国债、公共投资与经济增长之间的关系，研究表明，当政府以发行国债的方式为债务利息、公共消费与转移支付等非生产性财政支出融资时，对经济增长功效弱，国债融资不能实现经济的内生增长。在满足一定约束条件下，国债融资以公共投资的形式进行支出时，有利于均衡经济增长率的提高，国债融资可实现经济的内生增长，但是这并不表明可以无限制的增发国债。

实证分析部分，以中国 1986—2013 年年度样本数据实证检验了国债、公共投资与经济增长之间的关系。研究结果表明，中国国债、公共投资与经济增长之间存在长期均衡关系。根据向量误差修正模型的回归结果，发现国债融资与公共投资之间存在显著正相关关系，国债对公共投资的产出弹性为 0.357，意味着国债融资已成为中国公共投资的重要资金来源，中国现阶段国债融资的很大比重进入公共投资领域。在长期经济均衡过程中，国债对经济增长存在明显促进效应，产出弹性为 0.078；公共投资对经济增长也存在显著的促进效应，产出弹性为 0.178，二者对经济的拉动作用超过政府消费与转移支付。因此，中国现阶段宜制定稳健的国债政策，合理配置公共资本支出，实现经济的稳定增长，消除国债不可持续的经济发展风险。

本章的研究具有重要的实践指导意义，当增加国债融资用在政府消费、转移支付等非生产性支出时，不利于实现国债融资的内生经济增长，国债存在不可持续风险。当增加国债融资用在生产性的公共投资支出时，可以提高稳态时的内生经济增长率，以此可以确保国债融资收益，使政府财政未来一定期限内有足够盈余实现对国债的还本付息。政府发行国债融资时，需要考虑如何维持国债的可持续发展，实现在未来期限内对国债的还本付息，首先需要提高国债资金投资的经济效果，促进国债资金向公共投资的合理转化，注重公共投资在各投资领域的有效配置，最大化公共投资的生产经济效应，维持经济的稳态高速运行，以此保障政府财政在未来有足够的资金对国债进行还本付息，实现国债的可持续发展。

5 国债投资结构对可持续性的影响

选择好国债资金的使用方向，是提高国债投资效果的前提，是维持国债可持续发展的必要条件。在以国债投资拉动经济增长的过程中，国债资金以公共资本的形式投资于什么领域，对拉动经济增长的作用有很大的不同，投资效应反过来又会影响到期国债还本付息的资金来源，影响国债的可持续性①。研究发现，近几年来，国债融资基本用于基础设施建设，这是必要的。然而，由于基础设施的产业关联度弱，已表现出拉动经济乏力的问题，不利于国债实现内生增长。因此，为了维持国债的可持续性，使同样多的国债投资创造出更多的有效需求，在拉动经济中发挥更大的作用，必须以公共财政为出发点和归宿点，合理选择国债投资领域，找准国债投资的着力点，把国债投资重点放在生产性领域，以保证国债偿付有一个稳定、充裕的资金来源，以此实现国债的可持续发展。

根据上一章的研究，我们发现国债资金的很大比重进入生产性的公共投资领域，因此，公共投资②结构的合理性安排对国债可持续的维持有重要意义。本章在上一章研究的基础上，将公共投资按照职能分类，研究不同结构成分的公共投资对经济的拉动作用，以合理安排公共投资的投资领域，实现经济收益最大化，以保证国债还本付息的资金来源。

公共投资在满足社会需求，提高社会福利的同时，也在社会投资结构

---

① 为了使研究更有针对性，我们不考虑政府通过增发国债为到期国债筹措还本付息资金的偿债方式及其对债务可持续的影响，仅从内生性角度出发，着重分析债务投资收益偿还国债的效果。

② 由于无法获取国债项目数据，根据第 4 章的分析，国债融资的很大比重进入公共投资领域，在此以公共投资的经济效应代替国债融资的经济效应进行分析不失合理性。

的优化配置中发挥了重要的引导作用，政府公共投资的经济效应长期为人们所关注。公共投资对经济增长的作用机制一直是现代经济理论的重要研究内容，学者关于公共资本投资对宏观经济的影响已经有了相当成熟的研究成果，综合看主要分为两类：

一是公共资本与私人资本、公共部门与私人部门的综合分析。巴罗（Barro，1990）在单部门 AK 内生模型下，将公共投资以支出流量的形式纳入总量生产函数，认为公共投资通过提高私人资本的边际生产率，形成内生经济增长，最终影响企业产出量。考虑流量变量在分析动态经济问题的不足，格鲁姆（Glomm，1994）将公共投资以存量的形式引入生产函数，按照公共投资领域研究公共投资对经济的促进作用，研究结果表明，公共投资在私人部门与公共部门发挥的经济促进作用有显著差异，公共投资中产生经济内生增长的资金主要来自私人部门，包含整体公共投资变量的生产函数分析法并不科学。阿绍尔（Aschauer，2000）以 46 个发展中经济体 20 年期数据为样本，研究发现样本国公共投资的产出弹性为 0.24，公共资本对总产出具有明显正效应，研究期限内公共投资使人均总产出增长了 2.9%。埃尔登和霍尔科姆（Erden and Holcombe，2006）发现，公共投资对经济增长的促进作用在发展中国家尤其显著。国内学者关于公共投资对中国宏观经济的影响也有大量研究，马拴友（2000）在柯布-道格拉斯模型下研究公共资本投资与中国经济增长的关系，研究结果表明中国公共投资的产出弹性为 0.55，同时有显著外部性。娄洪（2004）在拉姆奇模型的基本理论框架下，建立包含公共资本存量的动态经济模型，研究一般拥挤性公共基础设施资本与公共性基础设施资本对长期经济增长的影响机制，结论是公共资本提供拥挤性基础设施投资与公共性基础设施对经济增长的影响不同，并强调在关注公共投资政策的短期效果时，更应该持续关注公共投资政策的长期效应。郭庆旺和贾俊雪（2006）在两部门内生增长模型下，将公共资本投资分为政府物质资本投资和政府人力资本投资，研究不同形式的政府公共资本投资对长期经济增长的影响。陈时兴（2012）在 IS-LM 模型下根据转轨期中国宏观经济的运行特点，分析政府公共投资对民间投资的引导作用，他认为，政府投资对民间投资有一定程度的引导作用，因此扩张性的财政政策可促进长期经济增长，但应该防范中国经济增长对公共投资的依赖程度。

二是基于政府公共投资对全要素生产率的影响，借鉴西方的指标分解法，将公共投资指标分解，研究某一类公共投资对经济增长的促进作用。蔡增正（1999）在菲德模型内估计教育的外溢作用，选取194个国家数据为样本，分别考察教育投资对低收入、中等收入和工业化国家经济增长的贡献。廖楚晖（2004）、姚益龙和林相立（2005）用动态分析方法，将国家财政用于教育的支出作为人力资本投资，分析教育投资的产出弹性以及对经济的贡献率。赵志耘和吕冰洋（2005）选择用国家财政预算内的基本建设支出代表公共投资，研究基础设施投资与经济增长的关系。郭庆旺和贾俊雪（2006）在两部门内生增长模型下，将政府公共资本按照投资领域分为物质资本投资和人力资本投资，研究发现不同成分的公共投资对经济增长的促进作用不同，两种形式的资本受民间消费主体跨时替代弹性的影响，对长期经济的作用效果产生较大差异。刘秉镰等（2010）考虑基础设施投资的空间溢出效应，分析中国基础设施投资与经济增长的关系，并用空间面板计量方法实证检验了中国基础设施投资对全要素生产率增长的影响，研究结果表明中国基础设施投资对全要素生产率存在持续显著的正向影响。

综上所述，目前已有研究主要集中在公共投资的综合经济效应分析或者是其中一类公共投资的经济效应研究，公共资本不同结构成分对经济增长的影响研究仍然存在空缺，为了研究国债可持续性的内生增长机制，有必要对此做进一步研究。

本章基于郭庆旺和贾俊雪（2006）的研究，将公共投资按照投资职能分类，在两部门内生经济增长模型下，研究公共物质资本投资、人力资本投资和科技资本投资对中国经济增长的影响机制，分析不同职能的公共投资对长期经济增长的贡献以及短期逆周期调节效果，最大化公共投资的收益性，维持国债可持续发展。

5.1 国债投资效应

为了刺激需求、消除通货紧缩，保持经济持续增长，我国从 1998 年至 2014 年连续实行了以增发国债、扩大财政投资为主要内容的积极财政政策，并取得了明显的效果。鉴于国债已日益成为政府宏观调控的重要工具，为了实现国债的内生增长，维持债务的可持续性，十分有必要加强对国债投资效应的研究。众所周知，投资、消费与净出口是中国经济的三驾马车，其中以投资对经济的促进拉动作用最为显著。从理论方面讲，投资与经济增长存在显著正相关性，高投资率意味着高经济增长率。国债融资以政府财政支出的形式形成公共资本，可以扩大社会总需求，促进经济增长，实现国债的内生增长机制。但是，需要注意的是，由于社会经济环境的复杂性，使很多影响因素具有隐蔽性，故而国债投资效应难以准确分析，对于从内生角度研究国债可持续性问题存在较大挑战。为了准确分析国债的内生化过程，需要综合考虑国债的投资效应，并对其做出客观评价。

5.1.1 国债投资的直接效应

国债投资通过扩大社会有效总需求，最终实现刺激经济增长的作用。国债投资主要影响生产资料需求与劳动需求。在市场机制的调节下，当国债投资扩大对生产资料的需求时，可解决部分企业因为生产资料供求失衡引起的问题，如解决对以库存形式储存的滞销的生产资料，有效缓解企业因资金周转产生的资金链断裂危机，为经济运行注入活力。此时，国债投资以货币形式增加企业劳动者的收入，社会公众收入增加，在储蓄率不变的条件下，可支配收入增加，因此用于消费支出的份额提高，消费活动频繁，有效扩大了社会总需求，最终实现促进经济增长。与此同时，生产资料企业经营状况好转，也带动相关联企业的良好运作。这意味着经济社会对劳动需求增加，更多劳动者获得更高的货币工资收入用于消费，带动经济增长率的提高。需要注意的是，由于消费者结构的复杂性，不同阶层的劳动供给者决定了不同的社会商品购买力。当劳动供给者为社会中上层收入者时，货币工资收入的增加并不意味着更高的消费水平。这类劳动供给者在变为消费者时，由于生活必需品已经得到满足，用于维持生活必要开支的货币工资支出基本不变，增加的货币工资将会以储蓄的形式保存下来，相当于形成了部分社会闲置剩余资金，对经济增长的效果并不明显；如果随着货币工资收入的增加，这类劳动供给者的消费档次提高，消费者选择购买价位更高的社会商品，则对经济增长的促进效果明显。显然，国债投资的直接经济效果分析较为复杂。

5.1.2　国债投资的经济扩张效应

国债投资的经济扩张效应取决于国债的货币扩张效应和乘数效应。国债的货币扩张效应指为了弥补财政赤字而增发国债所产生的货币供应量增加的效应。国债货币扩张效应的大小主要受国债发行对象的影响。如果居民、企业或商业银行是国债扩大发行的主要认购者，则不会导致货币供给增加，货币扩张效应不存在。这是因为，在保持经济社会中货币总供给量不变的情况下，通过增发国债弥补政府财政赤字，由于货币总量保持不变，可认为国债发行对经济的刺激作用不具持久性，货币主义学派支持这个观点。如果中央银行为国债的主要认购者，或者政府财政直接向银行透支，则国债扩张通过两条途径影响经济社会中的货币供给量。首先，由中央银行认购新增国债时，如果政府将国债融资用来增加财政支出，那么经济社会中企业和居民的收入增加，在储蓄率不变的条件下，存入商业银行的储蓄增加，商业银行向中央银行缴纳的存款准备金增多，基础货币增加。另外，如果政府直接通过向银行透支融资，则意味着经济社会中现金增加，也就是基础货币增加。因此，以上两种途径都会影响基础货币总量，而基础货币是一种高能货币，对经济的扩张作用极强。因此，为了避免经济的过度扩张，需求总量的无限放大，防止引发通货膨胀，中国立法禁止财政向银行透支和中央银行直接购买国债。但是，如果居民、企业或商业银行将认购的国债抵押给中央银行，由于国债一级市场中的投资对象不同，并不会产生中央银行直接购买国债的货币扩张效应。

国债投资的乘数效应指国债投资引起的国民经济收入倍数增长的现象，表明单位国债投资通过乘数效应的作用可以实现经济的翻倍增长。根据西方经济学乘数原理，乘数大小由边际消费倾向或边际储蓄倾向①决定，边际消费倾向越大，意味着单位收入中用于消费的比率越高，乘数越大，对经济产出的拉动作用越大；边际储蓄倾向越小，单位收入中用于储蓄的比率越小，用于消费支出的比率越大，则乘数越大，对经济产出的拉动作用越大。另外，从具体投资项目方面讲，投资领域的产业关联度也影响投资乘数的大小，较高产业关联度的投资乘数越大，对经济的拉动作用越大，较低产业关联度的投资乘数越小，对经济的拉动作用越小。因此，在进行具体国债投资项目分析的时候，需尽量引导国债融资流向产业关联度高的产业，如科技研发、基础设施建设等。

5.1.3　国债投资的挤出效应

国债投资的挤出效应一直是一个备受争议的话题。一般理论分析认为，国债可能通过影响社会资金供应和资金需求两种路径对经济产生挤出效应。发行国债意味着政府财政部门对社会资金需求增强，在社会资金总供给不变的条件下，根据供求定律，将引起资金价格上涨，即利率水平上升，导致私人部门的融资成长增加，企业收益受到影响。另外，国债的发行意味着政府财政部门向经济社会融资，将引起政府与私人部门关于资金的争夺，由于国债是以中央政府信用为担保，违约风险低，收益稳定，竞争性较强，更多的风险规避投资者甚至风险中性投资者会选择国债作为投资对象。这相当于减少了社会资金对私人部门的投资，私人部门产出水平受到影响。因此，在利用国债投资推动经济增长时，需同时考虑对私人部门资金的挤出效应。

---

① 边际消费倾向+边际储蓄倾向=1。

客观地说，经济运行中政府国债政策的挤出效应，既有积极的一面，也有消极的一面。一方面，国债活动的挤出效应对于社会资源的最佳配置确实存在影响；另一方面，可利用国债的挤出效应加强对社会总投资规模的控制，调整国民经济结构，解决投资结构的失衡问题。但不可否认的是，国债投资在社会总投资结构中发挥的配置功能，政府财政可以利用国债政策控制社会总投资，引导社会投资流向，实现投资资源的合理配置，同时拉动经济增长。

5.2　模型构建

本部分建立包含公共资本投资的两部门内生增长模型，研究当经济达到均衡状态时，不同结构成分的公共资本投资对经济增长的促进作用。

5.2.1　基本假设

经济主体时间分为闲暇时间与非闲暇时间两部分，对非闲暇时间做出的假设是：经济主体非闲暇时间 h 固定不变，代表人力资本，$h = uh + (1-u)h$，其中，uh 表示经济主体参加商品生产活动的时间，$(1-u)h$ 代表经济主体参加教育培训的时间，参加教育培训可在后期实现人力资本的积累。对政府公共资本投资的假设是：政府人均公共资本支出 g 包括人均政府物质资本支出 g_k 和人均政府人力资本支出 g_h，即 $g = g_k + g_h$。政府公共投资资金来源为部分税收收入：$g = \varphi \tau y$，其中，τ 为常数，代表税率；y 表示人均产出；φ 为人均公共资本投资占人均税收的比率。

同时，假设经济中生产部门分为物质生产部门和人力资本生产部门。假设物质生产部门利用人均私人物质资本 k、社会人均人力资本 uh，人均政府物质资本 g_k 进行生产，采用规模收益不变的 C-D 生产函数：

$$y_1 = F(k, uh, g_k) = Ak^\alpha (uh)^\beta g_k^{1-\alpha-\beta} h^\eta, \ 0 \leqslant \alpha, \ \beta, \ \alpha + \beta \leqslant 1, \ \eta > 0 \quad (5.1)$$

式（5.1）中，y_1 表示人均产出，A 表示希克斯中性技术进步参数，α，β，$1-\alpha-\beta$ 表示人均私人物质资本、人均人力资本和人均政府物质资本的边际生产率。人力资本在进行生产时会产生益于其他生产者的溢出效应，因此存在显著外部性，用 η 度量人均人力资本的外部效应。消费者的资源约束方程为：

$$c + \dot{k} = (1 - \tau)y_1 \tag{5.2}$$

假设教育部门以人均民间人力资本 $(1 - u)h$ 和人均政府人力资本 g_h 为生产要素，产品为社会人力资本，采用规模收益不变的 C-D 生产函数：

$$\dot{h} = F((1 - u)h, g_h) = B[(1 - u)h]^{\kappa}g_h^{1-\kappa} \tag{5.3}$$

式中，κ 表示人均民间人力资本边际生产率，$1 - \kappa$ 表示人均政府资本边际生产率。

5.2.2　内生增长模型

假设在封闭式鲁滨孙经济中存在无限期的 N 个家庭，不考虑人口增长，每个家庭均为同质且理性的经济主体，效用函数为固定跨时替代弹性系数的形式，每个家庭部门所代表的消费者面临的优化问题是选择消费 c 最大化自己的效用 U：

$$\max U = \int_0^{\infty} \mathrm{e}^{-\rho t}u(c)\,\mathrm{d}t \tag{5.4}$$

其中，效用函数：$u(c) = \begin{cases} \dfrac{c(t)^{1-\sigma} - 1}{1 - \sigma}, & \sigma > 0 \text{ 且 } \sigma \neq 1 \text{。} \\ \ln c, & \sigma = 1 \end{cases}$

式中，c 表示人均消费，$\rho > 0$ 表示贴现率，为保证经济稳态增长率为正，且经济主体效用有界，需要对贴现率施加限制条件：$(1 - \sigma)A < \rho < A$；$\sigma > 0$ 表示边际效用替代弹性，$\dfrac{1}{\sigma}$ 表示消费跨时替代弹性，为常数。当经济体满足效用最大化时，一阶最优化条件为：

$$\lambda_1 = c^{-\sigma} \tag{5.5}$$

$$\lambda_1(1 - \tau)\beta y_1 = \lambda_2 \kappa \frac{1}{(1 - u)h} \tag{5.6}$$

其中，λ_1 和 λ_2 为汉密尔顿乘子，代表影子价格，λ_1 表示物质资本积累的边际效用，λ_2 表示人力资本积累的边际效用。对应的欧拉方程：

$$\dot{\lambda}_1 = \lambda_1 \rho - \lambda_1 \alpha \frac{y_1}{k} \tag{5.7}$$

$$\dot{\lambda}_2 = \lambda_2 \rho - \lambda_1 (1 - \tau)(\beta + \eta)\frac{y_1}{h} - \lambda_2 \kappa \frac{h}{h(1 - u)} \tag{5.8}$$

横截性条件为：$\lim\limits_{t \to \infty} \lambda_1 k e^{-\rho t} = 0$，$\lim\limits_{t \to \infty} \lambda_2 h e^{-\rho t} = 0$，表示当物质资本的边际效用大于零时，增加物质资本投入经济主体效用增加，经济主体会持续增加物质资本的投入以增加自身效用，直至物质资本存量为零；当人力资本的边际效用大于零时，增加人力资本投入经济主体效用增加，经济主体会持续增加人力资本的投入以增加自身效用，直至人力资本为零。由式（5.5）知 $\lambda_1 = c^{-\sigma}$，将式（5.7）变形：

$$\rho - \frac{\dot{\lambda}_1}{\lambda_1} = (1 - \tau)\alpha \frac{y_1}{k} \tag{5.9}$$

将式（5.9）带入式（5.2）得：

$$\frac{c + \dot{k}}{k} = \frac{(1 - \tau)y_1}{k} = \frac{\rho - \dfrac{\dot{\lambda}_1}{\lambda_1}}{\alpha} \tag{5.10}$$

当经济实现平衡增长时，经济系统中的消费、物质资本和人力资本以固定不变的比率增长，设 $\dfrac{\dot{c}}{c} = \theta$，则 $\dfrac{\dot{\lambda}_1}{\lambda_1} = -\theta\sigma$，等式（5.10）右边为常数，则 $\dfrac{\dot{c}}{k}$ 和 $\dfrac{\dot{y}_1}{k}$ 为常数，对式（5.10）关于时间 t 求导，得：

$$\frac{\dot{y}_1}{y_1} = \frac{\dot{c}}{c} = \frac{\dot{k}}{k} = \theta \tag{5.11}$$

式（5.11）表明，当经济实现平衡增长时，人均产出、人均消费和人均物质资本都以固定不变的增长率 θ 增长。对式（5.9）两边关于时间 t 求导，带入（5.11）式得经济平衡增长率表达式：

$$\theta = \lambda_h \left(\frac{\eta + \beta}{1 - \alpha}\right) + \lambda_k \left(\frac{1 - \alpha - \beta}{1 - \alpha}\right) \tag{5.12}$$

其中，$\lambda_h = \dfrac{\dot{h}}{h}$，代表人均人力资本增长率；$\lambda_k = \dfrac{\dot{g}_k}{g_k}$，表示人均政府物

质资本增长率。由式（5.12）可知，经济的平衡增长率由人均人力资本增长率和人均政府物质资本增长率共同决定。人力资本增长率对经济增长率的影响系数为 $\dfrac{\eta + \beta}{1 - \alpha} > 0$，表明人力资本对经济增长有正向推动作用，当私人物质资本边际产出率 α 固定不变时，人力资本的外部效应 η 越大，人力资本的边际产出 β 越大时，人力资本对经济增长的影响越大。政府物质资本对经济增长的影响系数为 $\dfrac{1 - \alpha - \beta}{1 - \alpha} > 0$，表明政府物质资本对经济增长有正向推动作用，当私人物质资本边际产出率 α 固定不变时，政府物质资本的边际生产率 $1 - \alpha - \beta$ 越大，政府物质资本对经济增长的影响越大。

5.3 实证分析

由上述理论分析可知，政府公共投资对经济增长有正向推动作用，有利于维持经济的可持续内生增长。本部分根据中国经济发展实践，以中国1953 年至 2013 年的年度相关数据为样本，构建向量误差修正模型，对上述理论分析进行实证检验。

5.3.1 模型设定

传统经济理论将劳动增长率和技术进步视为外生变量，内生经济增长理论则将上述两个变量内生化，同时将传统意义上的投资进行了拓展，认为投资是可以带来产出的所有支出，其中包括提高劳动力素质的投资部分和益于科技进步的投资部分。为了全面捕捉到政府公共资本投资对经济增长的影响，更加直观地观测政府公共投资对社会经济发展的作用，本节从中国公共资本投资领域角度出发，依据内生经济增长理论，按照投资功能，将公共投资分解为三部分：公共物质资本投资、公共人力资本投资和公共科技资本投资。目的在于客观揭示不同职能的公共投资对社会经济发展的贡献程度。

根据研究目标，计量模型变量包括公共物质资本投资 Inv，公共人力资本投资 Edu，公共科技资本投资 Res，经济总产出 Y，则 $y_t = (Y_t, Inv_t, Edu_t, Res_t)'$。如果各变量之间存在协整关系，可构建向量自回归模型：

$$y_t = m + A_1 y_{t-1} + A_2 y_{t-2} + \cdots + A_p y_{t-p} + u_t \tag{5.13}$$

式（5.13）可用来反映经济增长 Y_t 与政府公共投资 Inv_t，Edu_t，Res_t 之间的长期均衡关系，其中，p 表示滞后阶数；A_i 表示系数矩阵，$i = 1$，2，$\cdots$，p；u_t 表示经典误差项；$E(\mu_t) = 0$，$\text{var}(\mu_t) = \sigma^2$，$\text{cov}(u_i, u_j) = 0$，$t = 1$，2，$\cdots$，$T$。根据格兰杰表示法定理（Granger representation theorem），向量自回归模型可表达为向量误差修正模型，形式如下：

$$\Delta y_t = m + \prod y_{t-1} + B_1 \Delta y_{t-1} + B_2 \Delta y_{t-2} + \cdots + B_{p-1} y_{t-p+1} + u_t \tag{5.14}$$

令 $x = (\Delta y_{t-1}, \Delta y_{t-2}, \cdots, \Delta y_{t-p+1})$，式（5.14）可变形为：

$$\Delta y_t = m + \prod y_{t-1} + Bx + u_t \tag{5.15}$$

上式表示向量误差修正模型，此模型将表示长期均衡关系的 y_{t-1} 作为自变量引入模型，描述短期变量波动向均衡状态的调节过程，同时将表示自变量短期波动影响的 $x = (\Delta y_{t-1}, \Delta y_{t-2}, \cdots, y_{t-p+1})$ 引入模型，描述因变量对自变量短期波动的反应。其中，Δ 表示差分算子，$\prod Y_{t-1}$ 表示误差修正项；$\prod = A_1 + A_2 + \cdots + A_p - I$，表示误差修正向量，衡量当变量偏离长期均衡状态时的修复速度；B 表示短期参数矩阵，衡量变量短期波动的影响，以此分析政府公共投资 Inv_t，Edu_t，Res_t 短期波动对经济总产出的影响。

5.3.2 指标与数据选取

公共物质资本投资 Inv 指以自然垄断性行业、国家机关以及社会团体等为代表的公共部门的物质投资，受数据获取的限制，我们以政府预算内固定资产投资来近似代替。公共人力资本投资 Edu：劳动者的劳动素质是人力资本的关键因素，劳动素质外部体现在劳动者自身知识和专业技能上，而教育和培训投资则是提高劳动素质的途径，因此本节以中国财政教育支出代表政府人力资本投资规模。公共科技资本投资 *Res*：由于中国缺少 R&D 支出数据，用与之相关的中国财政在科学研究方面的投资代替。产出变量采用国家统计局公布的同期国内生产总值，及基于 GDP 平减指数修订后的数据来度量。本部分根据中国经济发展实践，以中国 1953 年至 2013 年的年度相关数据为样本，所有数据均来自有关各期的《中国统计年鉴》《中国财政年鉴》《中国金融年鉴》，以及财政部财政数据网站。对于无法直接在年鉴和官方网站上获取的数据，为确保研究数据的客观性与完整性，本节根据经验事实，借鉴已有研究方法，对数据进行必要的修正处理。

5.3.3　单位根检验

对总产出 *Y*，公共物质资本投资 *Inv*，公共人力资本投资 *Edu*，公共科技资本投资 *Res* 样本数据取对数，并进行平稳性检验。通过时间趋势图（见图 5.1）可以看出，中国总产出一直呈现平稳上升趋势，物质资本投资、人力资本投资以及科技资本投资基本是一条波折上升的曲线，在 1995 年以后，三类资本投资呈现稳定增长趋势。其中，政府公共物质投资波动较为明显，在 1960 年至 1970 年波动最为剧烈，1998 年后呈现平稳上升趋

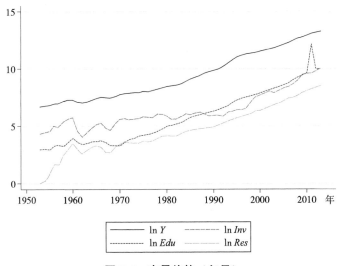

图 5.1　变量趋势（亿元）

势；公共教育投资上升平稳，在 2011 年呈现快速增长趋势；公共科技投资 1953 年至 1960 年增速最快，之后呈现平稳增长趋势。另外，通过趋势图可以看出，历年各经济变量有常数项，同时，由于各经济变量带有时间趋势特征，因此考虑带常数项与时间趋势项的单位根检验。

由于单位根 DF 检验使用一阶自回归检验，严格要求扰动项为独立白噪声序列。如果扰动项自相关，则需要引入更高阶的滞后项控制，即单位根 ADF 检验。为了使研究更有一般性，本节选择 ADF 单位根检验。首先确定最大滞后阶数，按照菲利普斯的建议，最大滞后阶数 $p_{max} = \mathrm{int}[4.(T/100)^{\wedge(2/9)}]$，其中，$T$ 为样本数，故本节检验的最大滞后阶数 $p_{max} = \mathrm{int}[4.(61/100)^{\wedge(2/9)}] = 3$，在 1 至 3 阶滞后项中分别回归检验方程，根据赤池信息准则确定各变量的滞后阶数。检验结果如表 5.1 所示。由于各变量的 ADF 统计量为左边单侧检验，检验统计量均大于 95% 的临界值，$-1.929 > -3.493$，$-0.393 > -3.493$，$-0.512 > -3.493$，$-1.802 > -3.493$，因此无法在 5% 的置信水平上拒绝存在单位根的原假设，即可以认为总产出（$\ln Y$）、公共物质资本投资（$\ln Inv$）、公共人力资本投资（$\ln Edu$）、公共科技资本投资（$\ln Res$）表示的时间序列存在单位根，均为非平稳时间序列。

表 5.1 各变量的单位根检验

变量	ADF 统计量	临界值（1%）	临界值（5%）	临界值（10%）
$\ln Y$	−1.929	−4.135	−3.493	−3.176
$\ln Inv$	−0.393	−4.135	−3.493	−3.176
$\ln Edu$	−0.512	−4.135	−3.493	−3.176
$\ln Res$	−1.802	−4.135	−3.493	−3.176

对于非平稳时间序列，中心极限定理不再适用，最小二乘估计为一致有偏估计量。如果各变量的时间序列经过 d 次差分后均变为平稳序列，则认为序列之间存在长期均衡关系，可以接受存在协整关系的原假设。对模型中各变量进行一阶差分，从差分后的序列趋势图（见图 5.2）可以看出，一阶差分后各变量既无常数项，也无明显的时间趋势项。因此在对一阶差

分序列进行单位根检验时，考虑方程中没有常数项的检验。另外，各变量之间的升降性具有一定的联动关系，变量总产出 $\ln Y$，物质资本投资 $\ln Inv$，人力资本投资 $\ln Edu$，科技资本投资 $\ln Res$ 很可能存在长期均衡关系，即协整关系。

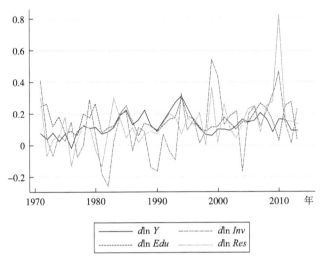

图 5.2　各变量一阶差分趋势图

对各变量的一阶差分进行单位根检验，检验结果如表 5.2 所示。各变量的 ADF 统计量均小于 5% 的临界值：$-3.702 < -2.925$，$-3.994 < -2.925$，$-2.932 < -2.925$，$-3.264 < 2.925$，可以在 5% 的置信水平上拒绝存在单位根的原假设，即可以认为总产出 $\ln Y$，公共物质资本投资 $\ln Inv$，公共人力资本投资 $\ln Edu$，公共科技资本投资 $\ln Res$ 经过一阶差分后为平稳时间序列，为 $I(1)$ 过程。

表 5.2　一阶差分单位根检验

变量	ADF 统计量	临界值（1%）	临界值（5%）	临界值（10%）
$D\ln Y$	−3.702	−3.572	−2.925	−2.598
$D\ln Inv$	−3.994	−3.572	−2.925	−2.598
$D\ln Edu$	−2.932	−3.572	−2.925	−2.598
$D\ln Res$	−3.264	−3.572	−2.925	−2.598

5.3.4 协整检验

单位根检验是检验单个变量时间序列的平稳性，而协整检验则用来检验一组非平稳变量组合之间的稳定性。如果存在协整关系，则意味着变量组中各变量之间存在长期均衡关系。对变量组做包含常数项与时间趋势项的 Johansen 协整迹检验（trace statistic），检验结果如表 5.3 所示，结果表明当原假设为协整方程个数最多为 0 时，Johansen 迹检验统计量结果显示 61.231>54.640，可以在 5%的置信水平上拒绝协整方程个数是 0 的原假设，认为变量组存在协整关系；当原假设为最多存在一个协整方程时，迹检验统计量结果显示 24.939 6<34.550 0，无法在 5%的置信水平上拒绝协整方程最多为 1 的原假设，认为变量组最多存在一个协整关系，即最多存在一个线性无关的协整向量，消除原非平稳序列的随机趋势项。因此根据迹检验，我们认为，总产出（ln Y），公共物质资本投资（ln Inv），公共人力资本投资（ln Edu），公共科技资本投资（ln Res）之间存在协整关系，变量之间存在长期均衡关系。

表 5.3　Johansen 协整检验

最多协积秩个数	parms	LL	特征值	迹检验统计量	5%临界值
0	24	184.888	.	61.231	54.64
1	31	202.033	0.579	24.939 6 **	34.55
2	36	211.722	0.370	5.562	18.17
3	39	214.373	0.119	0.261	3.74
4	40	214.503	0.006	—	—

注：** 表示在 5%的水平上显著。

确定总产出（ln Y），公共物质资本投资（ln Inv），公共人力资本投资（ln Edu），公共科技资本投资（ln Res）之间的协整关系之后，建立向量误差修正模型。根据表 5.4 协整方程所代表的长期均衡关系估计结果信息，可将总产出、公共物质资本投资，公共人力资本投资，公共科技资本投资关系函数式写为：

$$\ln Y = 6.285 + 0.326\ln Inv + 0.157\ln Edu + 0.339\ln Res + \mu_i \quad\quad (5.16)$$
$$\quad\quad\quad\,_{(2.75)}\quad\quad\quad\quad\,_{(1.78)}\quad\quad\quad\quad\,_{(7.04)}$$

表 5.4　协整方程

变量	参数	标准差	z 统计量	P 值	[95%置信区间]	
_ce1						
ln Y	1	.	.	.	.	.
ln Inv	−0.326	0.119	−2.750	0.006	0.391	2.333
ln Edu	−0.157	0.088	−1.780	0.014	−0.164	1.378
ln Res	−0.339	0.448	−7.040	0.000	−4.013	−2.265
_cons	−6.285	.	.	.	.	

式（5.16）下括号内数据代表的是 z 统计量检验结果，结果表明，各变量在 5%的显著水平上均有统计显著性。从估计结果可以看出，经济增长与公共物质资本投资、公共人力资本投资和公共科技资本投资之间存在一个长期均衡关系。从估算结果看，中国公共物质资本投资、公共人力资本投资和公共科技资本投资对长期总产出具有正影响，其中公共科技资本投资的长期影响力度最大，影响系数为 0.339，且具有统计显著性。这表明，就中国经济发展的具体实践而言，中国政府公共科技投资对经济的长期增长更为重要。此外，可以看出中国公共物质资本投资对长期经济增长也有显著正效应，影响系数为 0.326，公共人力资本投资也是经济长期增长的动力机制，影响系数为 0.157。公共投资对科研教育等领域提供的资金支持，有助于经济发展的内生要素发展与全要素生产率的提高，因此对经济长期增长产生了显著积极效应。公共资本投资与经济增长之间的长期均衡关系，验证了理论分析的结论。

中国现阶段还应该继续坚持科教兴国战略，改变经济增长方式，公共人力资本投资是实现劳动者素质提高、科技进步与经济增长的重要因素，是未来实现经济稳定增长的重要保障。由前面的经验估算可知，我国财政的人力资本投资与科技资本投资具有正的产出弹性，增加科研和人力资本积累可以促进经济增长和劳动生产率提高。这说明公共人力资本投资与公共科技资本投资还没有达到最优规模，还可以继续加大投资力度，以提高劳动者技能和经济效益。因此，为了实现经济增长方式的转变，使经济增长转向依靠教育和科技进步上，维持经济均衡增长势态，实现公共资本投资在未来实现收益最大化，有必要加大公共人力资本与公共科技资本的投入。

根据向量误差修正模型估计结果，我们得到如下向量误差修正模型：

$$\Delta \ln Y_t = \underset{(2.35)}{0.039} + \underset{(5.60)}{0.743} \Delta \ln Y_{t-1} + \underset{(0.30)}{0.14} \Delta \ln Inv_{t-1} - \underset{(-1.01)}{0.019} \Delta \ln Edu_{t-1}$$
$$- \underset{(-1.66)}{0.096} \Delta \ln Res_{t-1} - \underset{(-2.46)}{0.046} \mu_{t-1} \tag{5.17}$$

式（5.17）给出了总产出与公共物质资本投资、公共人力资本投资、公共科技资本投资的短期波动关系。模型估计结果显示，公共物质资本投资可促进短期经济增长，产出弹性为 0.14，而公共人力资本投资与公共科技资本投资不利于短期经济增长，产出弹性分别为 -0.019 和 -0.096，结合长期均衡关系的估计结果，表明公共人力资本投资和公共科技资本投资对经济推动作用存在滞后性。综合不同职能的公共投资对经济增长短期影响程度看，公共物质资本投资对短期经济的作用更直接，也更显著，具有良好的短期逆周期调节效果，且公共物质资本投资的短期正效应大于其他两类投资的短期负效应，公共资本投资的短期净效应大于零。

与此同时，这也表明中国现阶段除某些必要的基础设施项目外，国债投资可较多考虑选择一些需要发展的、劳动密集而技术含量不低的中小型项目，特别是产业关联度大的高新技术的制造业项目，以带动相关的产业。同时，还要加强对传统产业特别是传统工业的技术改造，优化公共投资结构，提高公共投资的资金使用效率。

政府公共投资通过政府直接参与市场经济，弥补市场失灵，以及提供有效的公共物品供给，实现优化社会资源配置的目的，是社会经济发展的解释变量。中国经济转型期的财政政策与计划经济条件下的"国家财政"和市场经济条件下的"公共财政"有显著不同。在计划经济条件下，政府拥有社会经济的所有资源，财政政策是国家满足自身职能，配置社会资源的一种手段。在市场经济条件下，政府为满足公共服务需求，弥补市场失灵，以提供社会公共产品为手段，发挥财政政策对社会资源的引导作用。中国目前处于经济转轨期，财政模式留有传统财政模式的影子，对国家财政存在不同程度的路径依赖，市场经济条件下的公共财政受到制约。尤其是长期以来中国经济属于赶超型增长，为实现经济快速增长，不断调整的财政政策存在强烈的经济增长偏好，中国公共投资支出以政府主导型的经济建设投资为主，物质资本投资供给丰富，而以提供公共服务产品为主的投资相对滞后，导致公共投资支出结构的不平衡，不同程度的财政失衡在未来都将构成对中国经济转型的挑战。经济转轨期需要合理调控政府公共投资结构，加强人力资本和科技领域的资金供给，加大短期经济效应不显著但对经济发展内生要素起关键作用的领域的投资，发挥政府主导的投资拉动和优化分配的职能，以便减少未来经济发展的复杂程度，降低财政转型的难度。

5.3.5　稳健性检验

检验此向量误差修正模型的稳定性，特征值检验结果如表 5.5 所示，单位根结果如图 5.3 所示。结果显示，剔除向量误差修正模型本身所假设的单位根，伴随矩阵的所有特征值均落在单位圆之内，表明此向量误差修正模型稳定，系统分析结果具有显著可靠性。

表 5.5　VECM 稳定性检验

特征值			模
1		—	1
1		—	1
1		—	1
0.673 94	+	0.023 662 14i	0.674 355
0.673 94	+	0.023 662 14i	0.674 355
−0.429 45		—	0.429 445
0.343 778	−	—	0.343 778
0.099 801		—	0.099 801

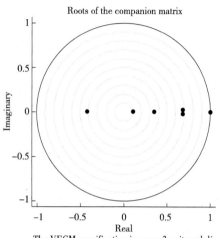

图 5.3　VECM 系统稳定性的判别

5.4　结论

为研究国债融资的生产性公共资本支出的经济效应，本章建立包含公共资本投资的两部门内生增长模型，将公共投资分为公共物质资本支出和公共人力资本支出，研究发现，在私人物质资本边际产出率不变的条件下，人力资本投资与政府物质资本投资共同决定了经济增长率。人力资本对经济增长的贡献程度取决于人力资本的外部效应与人力资本的边际产出率的大小，政府物质资本对经济增长的贡献程度取决于政府物质资本的边际生产率。

实证检验部分，依据内生经济增长理论，将公共投资按照投资职能分为公共物质资本投资、公共人力资本投资和公共科技资本投资，以中国 1953 年至 2013 年的年度相关数据为样本，检验不同职能的公共投资对中国经济增长的影响机制，研究当经济达到均衡状态时，不同结构成分的公共资本投资对经济增长的促进作用。研究结果表明，就中国经济发展的具体实践而言，经济增长与公共物质资本投资、公共人力资本投资、公共科技资本投资之间存在长期均衡关系。其中，公共物质资本投资对经济长期增长的贡献显著且短期经济效果明显，政府公共人力资本投资和政府公共科技资本投资对经济长期总产出也存在显著正影响，但作用效果存在滞后性，不适于短期经济调控。

本章研究对中国制定国债政策具有重要意义，在政策层面上，由于公共物质资本投资仍然是中国经济实现有效增长的重要推动力，中国尚处于经济转轨期，为保障经济增长由高速向平稳的新常态过渡，在未来很长一段时间内，仍然需要保持一定水平的政府公共物质资本投资，维持经济的均衡增长，以预防国债偿债高峰期到来时资金供给出现短缺，防止债务倒逼现象。同时，不应该以短期经济波动的视角评价中国人力资本投资与科学技术资本投资。这两类公共资本投资在未来一定期限内均可实现劳动者素质与劳动生产率的提高，有效提高经济增长效率与质量，推动经济实现长期内生稳定增长，为中国长期国债的资金供给提供保障。因此，为了保证国债偿债资金供给的稳定性，有关政府部门需要合理调控公共投资领域，实现政府财政优化分配，促进社会经济稳定发展。

6 国际资本市场对国债可持续性的影响

随着经济全球化的深入发展，欧洲债务危机甚至不断膨胀的美国国债对世界经济产生了巨大冲击，可见各国国债政策不再是一个孤立的经济范畴。国债的可持续问题不仅与一个国家的宏观经济和财政收支状况紧密相连，也受到来自全球资本市场的影响。资本全球化进程的推进使全球资本流动规模增加，流动速度增快，全球资本市场对一国宏观经济产生的影响越来越大。外资供给的突然减少会增加外债融资成本，外资供给的增多可减少外债融资成本，因此，全球资本市场波动与一国财政状况密切相关，对债务可持续性的影响日益加剧。经济体对国际资本市场资金供给的依赖，是国际资本市场波动对经济体财政可持续性影响不可忽视的原因。全球资本市场状况对新兴市场财政可持续性的影响，使新兴经济体债务波动的很大一部分无法受国内政策的控制。

6.1 国内资本与国际资本

时至今日，能够概括国际资本市场发展趋势的最标准用语非"资本全球化"莫属。国际化与全球化的不同之处在于它仅涉及国家之间的资本交往；而全球化是指全球范围内的一体化。在资本交易的过程中，国家的概念逐渐退居次要地位。一些经济学家将全球化形容为地域的消失（the end of geography）。自20世纪90年代以来，国际经济一体化逐步强化，世界各国通过加大对国际资本市场的开放力度吸引国际资本流入，从而使国际资本融通更加容易，金融国际的自由性得到充分释放，主要体现在两方面：

一是国际资本流动规模的增加，在绝对量上表现为国际资本流动规模的不断扩大，整体表现为逐步递增状态，而从相对量分析，表现为国际资本规模与名义 GDP 的比率递增，递增趋势相对平缓，却表现出较强的波动性特征；二是国际资本流动速度加快，全球化背景下涌现出的利率互换、货币互换等金融创新工具，更加便于国际长期资本投资与短期资本投资之间的相互转化，增加了国际资本的流动，从而提高了国际资本的利用效率。

在论证国际资本对国内资本累积路径影响的基础上，基于"双缺口"模型的研究认为，国际资本市场融资能够为经济体增添活力，促进经济实现自我可持续发展。在内生增长模型和新古典经济增长模型分析架构下的研究表明，贸易信贷下的国际资本市场融资，有益于资本品的进出口，完善进出口产品结构。而将国际资本市场融资中部分用于基础设施建设，进而形成社会固定资产投资的一部分，可促进一国经济的增长。此外，国际资本市场融资会伴随技术外溢效应，东道国引进技术，并加强技术沟通，会提高劳动生产率。改革开放以来，外资对中国经济的促进作用不可忽视。国际资本流动使各国弥补储蓄缺口和摆脱资本不足限制成为可能，对有关国家的经济结构和经济运行产生了深远影响。

当下，全球国际资本还在影响着各国宏观经济和政府财政。但是，对发展中国家与新兴经济体来说，国际资本流动管理经验与把控能力不足，又缺少识别国际资本流动风险的预警系统和防范措施，因而需要谨防国际资本市场暗藏的宏观经济风险，切忌只顾享受国际资本带来的经济利益。随着全球化进程的推进，中国不断扩大对外开放，经济呈现强劲的增长态势，国际资本以不同的方式相继涌入中国。但是，国际资本流动也会附带一些消极影响，最主要的是增加了宏观经济运行的不稳定性，同时带来国际资本市场的波动风险。20 世纪 80 年代，拉美国家的债务危机，90 年代的东亚金融危机，都与国际资本的不稳定流动有关。现阶段，中国经济展开新局面，增长速度换挡，但若想保持经济稳定增长，还需面临经济结构调整与经济增长方式的转变，同时，全球经济正从失衡走向平衡，全球化红利衰退，外需和外资也经历涨潮与退潮。在此背景下，研究国际资本这

把"双刃剑"对国债可持续性的影响具有更重要的现实意义

6.1.1 国际资本

资本属于经济学的基本范畴,同时也是经济理论史上争议颇多的一个经济概念。本节将以国内资本与国际资本的相关性为基础展开分析。从资本本质分析,国内资本与国际资本并无显著差异,都可用于直接投资。国际资本与国内资本的划分是由于国家的地理存在,是一个地域性概念。国际资本与国内资本无明显界限,而且可以相互转化,资本从国内流出即转变为国际资本,资本从国外流入即转变为国内资本,因此国内资本与国际资本是一个相对的概念,不是一成不变的。从全球资本市场的角度出发,国内资本与国际资本流动方向与方式不同,国内资本的流动仅限于主权国家内部,国际资本的流动则在各个主权国家之间进行,一般以国际金融为渠道。因此,根据世界资本的流动范围与领域,可将国际资本的流动分为国内资本流动、国际资本流动、国内资本与国际资本之间的转化。

在全球化背景下,国际资本流动缓解主权国家资金短缺问题的同时,也将为主权国家带来金融风险与经济动荡。与国内资本相比,国际资本有三个特性。

第一,国际资本流动性极高,是由国际资本的性质决定的。一般而言,国际资本以追逐利益为主要目的,因此善于规避风险,投机性较高。尤其随着全球资本化的推进,各类金融衍生品的出现,以及大量金融创新的应用,为国际资本流动提供了更多途径。就目前统计而言,国际资本结构发生了很大改变,流动规模日益扩大,国际资本表现出更为强烈的流动势态。国际资本频繁进出主权国家,为主权国家带来经济效益的同时,受全球资本市场经济周期波动的影响,国际资本必将对主权国家的宏观经济产生更为强烈的影响,尤其对主权国家财政收支的影响更为突出。

第二,国际资本对宏观经济政策影响越来越大。国际资本的流动不仅影响主权国家的国际收支,还会影响主权国家的国际储备、汇率水平甚至利率水平,影响主权国家的内部均衡。为了控制国际资本流动带来的宏观经济波动，主权国家在制定财政政策与货币政策时，开始将国际资本流动作为重要的考虑因素。

第三，国际资本具有极高的经济风险与政治风险。国际资本具有投机性，在国际资本市场流动时会对标的国家的经济发展、国际收支、金融市场成熟度进行权衡比较，同时结合全球资本市场的经济周期、经济集团发展等因素进行全面分析，在利益的驱使下，可以无限放大标的国的经济波动，甚至引发政局动荡，导致国际资本形成流动性、高风险与不稳定性特征。

因此，在利用国际资本时，需要推进国内相关体制与政策的变革，如经济运行体制、宏观经济政策等，为主权国家国际资本的合理利用与效益最大化提供稳定的环境，以降低国际资本的金融风险与经济风险，有效促进宏观经济稳定均衡增长。

6.1.2　国际资本与国内资本的相关性

国际资本与国内资本存在密切联系，主要表现在两方面。

首先，国际资本与国内资本可以通过金融资本与产业资本两种途径进行转化。国内资本与国际资本在转化过程中，由于不同主权国家的资本受国际资本市场供需的影响不同，因而转化的方向与规模有很大区别。当主权国家为封闭经济体，或当主权国家同时存在向国际资本市场的输入与输出但差额不大时，则不存在国内资本与国际资本的转化。当主权国家为国际资本的供应国时，该国向国际资本市场输出的资本大于输入的资本，存在国内资本向国际资本的净转化；当主权国家为国际资本的需求国时，则该国向国际资本市场输入的资本大于输出的资本，存在国际资本向国内资本的净转化。

其次，国际资本与国内资本相互影响，二者互补互动。如果国内出现资金短缺，则可以利用国际资本弥补资金缺口；如果国内存在闲置资本，则可以通过金融资本与产业资本的途径转变为国际资本。国内资本与国际资本的互动包括转化的方向、转化的数量以及转化的途径，不仅受资本价格影响，还要受国内外资本市场结构差异的影响。因此，国际资本可通过与国内资本的密切联系影响主权国家的宏观经济运行及政府财政状况。

6.1.3　国际资本的流动

国际资本的流动既包括国际资本的流出，也包括国际资本的流入。具体而言，国际资本的流出表明主权国家存在资本流出到国际市场，外国对主权国的负债增加，本国持有外国的资产增加。就一国而言，国际资本流动包括国际资本流入和流出两方面，因此影响主权国家的国际收支平衡。国际资本流入是指存在净资本从国外流入国内，意味着外国持有的本国资产增加，本国对外国的负债增加；国际资本流出指存在资本从国内流出到国外，意味着本国持有的外国资产减少，外国对本国的负债增加。因此，当国际收支失衡时，主权国家可以通过控制国际资本的流动方向与规模，实现国家收支的平衡。

按照不同的划分准则，国际资本存在多种流动形式。根据国际资本流动周期划分，可将国际资本流动分为短期资本流动与长期资本流动。短期资本流动指流动周期在一年或一年以内的资本，常见的如各类金融工具、国际短期借贷、现金等；长期资本流动指流动周期在一年以上的资本，包括证券投资、直接投资等。

根据国际资本流动的本质与载体的不同，国际资本流动可分为商品资本流动、生产资本流动和货币资本流动。其中，商品资本流动对世界经济发展的推动作用最为直接与强烈，资本以商品的形式在国际资本市场中流动，直接发挥调剂商品和生产资料盈缺的作用，不仅实现了社会再生产的实物补贴，也实现了社会再生产的价值补偿。随着国际资本市场的开放，整个世界作为一个大型企业，在商品生产中分工越来越细，各个国家发挥自己的优势，生产自己独特或擅长的商品，取得比较优势，降低成本增加利润。这反过来又影响本国技术的进步，推动本国生产力的提高，以更科学有效的方式从事生产活动，强化国际分工。虽然国际商品流动以国际贸易的外在形式表现出来，但是国际商品流动从内涵和形式上，以及对国内经济和国际市场产生的影响都远超国际贸易。国际资本的货币流动指资本以现金的方式流入流出，属于一般常见的资本流动。根据物物交换时代向货币交换的推进原理，可以认为国际货币资本流动是国际商品流动的延伸和发展，是为国际商品流动提供服务的。应该指出的是，国际资本流动有明显的投机性、不稳定性等特性，尤其在主权国家宏观经济不稳定时，需严格控制国际资本的频繁流动，防止将国际资本市场波动与风险引入主权国家，放大主权国家国内金融和经济的波动。

根据国际资本流动方式划分，可将国际资本流动分为国际直接投资流动与国际间接投资流动。常见的国际直接投资有外国居民在主权国家创办企业，且获得企业经营权的投资方式，或者直接购买机器设备、半成品、商标、专利等有形无形资产。国际资本的间接投资主要包括国际信贷和国际证券交易两种方式，与国际直接投资相比缺少管理经营权。

6.2 国际资本效应

6.2.1 国际资本的经济效应

经济增长受很多因素的影响，其中，劳动、资本与技术是重要的生产要素。劳动是劳动者数量与劳动者素质的概括；资本是泛化了的资本，包括物质资本和人力资本；技术包括生产能力、资源配置与企业经营管理水平等。另外，经济增长还受宏观经济政策、法律法规、资源供应等因素的影响。为了使研究具有针对性，本部分通过分析国际资本流动研究国际资本对主权国家经济的影响。主要包括三点。

第一，国际资本流动存在资本累积效应。从对国际资本的必要性需求看，在主权国家经济发展过程中，经常会遇到资金短缺问题，严重影响经济的发展与社会的进步，此时当政府财政支出产生赤字缺口时，经济体只能依靠国际资本进行弥补。当国际资本流入，为经济生产活动注入活力，释放生产潜能，可有效实现资本的累积效应，促进经济增长。

第二，国际资本流动存在利率效应。国内资金受供需关系的影响，当国内产生资金缺口，资金需求大于资金供给时，根据供求定律，资金的价格即利率会上升。国际资本流入，可缓解国内资金供求紧张问题，缓解利率上升压力，促进生产投资活动，利于经济增长。

第三，国际资本流动存在汇率效应。国际资本流动影响主权国家外汇储备状况，国际资本流入增加外汇储备，缓解外汇供需压力，降低汇率。汇率下降影响国内总供需关系，利于主权国家商品出口，实现贸易活动的扩张，经济促进效应明显；国际资本存在乘数效应，国际资本的流入（特别是国际直接投资）会与国内投资的乘数效应一样，通过乘数作用数倍地扩张国民经济增长；国际资本流动存在学习诱导效应，对推动主权国家科技水平与管理经营有极大贡献。尤其是当国际资本以直接投资的形式流入时，国外设备、生产技术与劳动者一般随之而来，一方面可直接投入宏观经济生产活动中，实现产出增加；另一方面由于国外企业的建立，在雇佣主权国家劳动者进行生产时，会对劳动者进行技术专业培训，促使国内与国外的交互学习效应，利于技术与管理经验的沟通学习。

6.2.2　国际资本风险

在开放经济条件下，国际资本流动的规模不断扩大，对一国经济的影响也随之加深。发展中国家利用外资的实践证明，国际资本流入对一国的经济增长具有重要的促进作用。从积极影响看，国际资本流入至少具有资本积累效应、技术进步效应、制度变迁效应、人力资本增进效应和国际贸易改善效应，这些效应对一国经济增长产生了重要的影响。与此同时，国际资本流入也给标的国家带来一些负面影响，比如，可能带来利率风险、汇率风险、价格风险、市场风险、产业风险、国际游资冲击风险、经济泡沫风险、加剧经济周期波动风险、金融危机风险、经济信息安全风险和国家风险等。人们在东亚金融危机发生后，对国际资本流动的负面影响加以重视，有些国家甚至放慢了对外开放和经济国际化步伐。其实，正如任何事物都有正反两方面作用一样，国际资本流动同时具有积极和消极两方面作用是正常的现象。关键的问题在于，我们在充分利用国际资本流动积极效应的同时，能否全面采取措施，积极避免和应对负面影响。

在开放经济条件下，国际资本是宏观经济波动的重要推动力，需认真分析国际资本流动带来的宏观经济风险。国际资本流动可能引致的宏观经济风险，主要有 10 个方面。

（1）利率风险

国际资本利率是国际资本使用权的价格，国际资本流动情况会导致国际资本利率水平的变化，从而使国际资金借贷主体遭受损失。

（2）汇率风险

国际资本流动影响外汇的供需状况，可对汇率产生重要影响，而汇率又是影响宏观经济发展的重要因素。

（3）债务风险

过度利用或不适当地利用外资，会给主权国家带来外债负担，当外债累积到主权国家经济无法支撑的规模，国际资本市场的轻微动荡或国内宏观经济的稍许波动，都可能导致主权国无力清偿到期债务，资不抵债，甚至国家破产，爆发债务危机。

（4）价格风险

资本流动势必影响国内价格水平，尤其在资本流动频繁而且规模庞大时，会对一国价格水平产生严重冲击影响，使一国出现通货膨胀或通货紧缩。

（5）市场风险

占领国际市场是国际资本直接投资的首要目的，国际资本直接投资的直接引入，在为本国带来经济增长效应的同时，也会与国内企业产生竞争，当国际资本在直接投资企业存在比较优势时，根据市场机制的作用，国内企业将会丧失部分市场。

（6）产业风险

国际资本具有逐利性，产业利润决定了国际资本的流量和流向。当某产业利润较高，引致国际资本大量涌入后，会影响产业结构平衡，甚至出现严重失衡问题。当某些重要行业，如水电能源行业，引入大量国际资本后，甚至会影响到国家的主权完整。

（7）国际游资冲击风险

国际游资是国际资本的一种特殊成分，是国际资本投机性、牟利性的典型代表，一般利用国内外利差与汇率差进行投机活动，在国际资本市场频繁流动，随着全球资本市场的开放，国际游资流动规模与流动速度得到迅速提升，对主权国家宏观经济的冲击影响越来越大，各国有必要加强对国际游资的监督控制。

（8）经济泡沫风险

泡沫经济产生的根本原因是增加的货币供给量超过增加的实际生产价值。在封闭经济条件下，大多数发展中国家因为资金积累有限，在一定程度上限制了经济泡沫的产生。然而在开放经济条件下，一个国家国际资本的流入可以说是无度的，因而货币供给也会相应膨胀，此时将有大量的货币流向虚拟经济部门，从而产生经济泡沫。

（9）加剧经济周期波动风险

对于所有国家而言，经济的周期性波动总是存在的。由于国际资本流动是由风险和利润权衡决定的，所以国际资本的流入或流出会加剧经济的周期性波动，当一国经济出现繁荣景象时，可能会提高国际资本的预期利润，致使大量国际资本流入，引起经济膨胀。相反，当一国经济出现衰退迹象时，投资风险增大，又会使国际资本大量流出，加剧经济衰退。

（10）金融危机风险

金融危机的基本表现是全部或大部分金融指标短暂、急剧和超周期的恶化。国际游资的大量涌入或抽逃，会对一国经济产生冲击影响，引起经济动荡或导致金融危机。当因国际资本流动而造成的国际游资冲击风险、经济泡沫风险、经济周期波动风险、资本外逃风险累积到一定程度时，就会引发金融危机。

自 20 世纪 90 年代至今，国际资本流动发生了重要变化，私人资本流动逐渐占据了统治地位，国际游资规模日益庞大，金融衍生品市场日益兴旺,机构投资者崛起,都使全球的资本流动速度加快。金融自由化和技术的进步使全球资本市场日益变成一个整体,在全球资本流动格局中,发达国家继续占据主导地位,而发展中国家在国际资本流动中的地位和作用也日益增强。一方面,全球资本大量流向发展中国家与新兴市场;另一方面,这些国家和地区的资本国际输出也日益增多,对外直接投资和对外证券投资增长较快,使资本实现了真正的全球流动,令国际资本流动具有了"全球化"的特征。同时,短期投机性资本日益活跃,全球尤其是新兴发展中国家面临的风险增加,一旦时机成熟,随时可能转化为金融危机和债务危机,而且这种危机极具传染性,使全球经济体面临的风险随之加大,对金融稳定乃至宏观经济稳定都提出了更大挑战。

6.3 模型构建

分析国家赤字债务与全球资本市场波动的关系,研究在全球资本市场中财政与债务之间的关系。全球资本市场作为公共因子与全球资本流动性相关,可作为经济体的财政约束。国际资本市场对一国财政状况影响显著,当来自国际资本市场的资本增多时,外资还本付息成本相对减少,公共部门面临的财政负担降低,财政约束缓解。当来自国际资本市场的资本减少时,外资还本付息成本相对增加,公共部门面临的财政负担增加,财政约束压力加强。由此可见,全球资本市场对国家财政有重要影响,进而直接影响经济体债务的可持续性。

自 2002 年起,资本全球化进程的推进使大量国际资本涌入发展中国家。豪纳和库马尔(Hauner and Kumar,2005)的研究表明,新兴经济体财政可持续与否与国际资本流动有密切关系。新兴经济体对国际资本依赖性越来越大,很大比例的国际资本用来维持债务的还本付息,当国际资本流忽然中断时,会对债务的可持续性产生重大威胁。其中,莱因哈特和卡尔沃(Reinhart and Calvo,2000)提出了资本中断的概念,分析国家资本忽然中断对融资国经济的冲击。鲍恩(Bohn,2007)的研究认为,如果政府盈余与债务存在正相关关系，则意味着政府跨期预算约束发挥作用，政府债务可实现可持续发展。本节借鉴约瑟夫等（Joseph et al.，2011）的研究方法，选取包括中国在内的 11 个新兴经济体检验国际资本市场对债务可持续性的影响。

6.3.1　模型设计

政府在 t 期的即期预算约束为：

$$G_t + i_t B_{t-1} = T_t + \Delta M_t + B_t - B_{t-1} \tag{6.1}$$

式（6.1）中，G_t 表示 t 期不含债务利息的政府支出，i_t 表示截至 $t-1$ 期末发行债务的平均收益率，B_{t-1} 表示 $t-1$ 期的债务余额，$i_t B_{t-1}$ 表示政府财政部门在 t 期需要进行的债务利息支付，T_t 表示 t 期税收收入，$\Delta M_t = M_t - M_{t-1}$ 表示 t 期增发货币量，可以看作政府财政部门的铸币税收入。式（6.1）等号左边表示政府财政部门的名义总支出，等号右边表示政府财政部门的名义总收入。名义总支出包括政府支出和债务付息；名义总收入包括税收收入、铸币税收入和债务融资。

由政府预算恒等式（6.1），得 t 期债务水平与 $t+1$ 期税收收入、政府收入与债务总量的关系为：

$$B_t = \frac{B_{t+1} + (T_{t+1} + \Delta M_{t+1} - G_{t+1})}{1 + i_{t+1}} = \theta_{t+1} B_{t+1} + \theta_{t+1} S_{t+1} \tag{6.2}$$

式（6.2）中，$\theta_{t+1} = \dfrac{1}{1 + i_{t+1}}$，是一个动态贴现因子；$S_t = T_t + \Delta M_t - G_t$ 表示 $t+1$ 期政府财政基本盈余。若政府从 t 期到 $t+n$ 期的即期预算约束都成立，将 B_{t+1}，B_{t+2}，B_{t+3}……取期望后依次迭代，得：

$$B_t = E_t \left(\prod_{i=1}^{n} \theta_{t+i} B_{t+n} \right) + E_t \left(\sum_{i=1}^{n} \prod_{j=1}^{i} \theta_{t+j} S_{t+j} \right) \tag{6.3}$$

式（6.3）是一个会计等式，对政府行为没有约束作用。若政府行为不受约束，则可以进行旁氏博弈，在未来无穷期限内进入借新债还旧债的循环中，违背了家庭部门的行为最优原则。为排除政府的旁氏博弈行为，需要满足横截性条件：

$$\lim_{n \to \infty} E_t \left(\prod_{i=1}^n \theta_{t+i} B_{t+n} \right) = 0 \qquad (6.4)$$

式（6.4）意味着政府未来无穷远期的债务现值收敛于0。当满足横截性条件时，式（6.4）变为：

$$B_t = \lim_{n \to \infty} E_t \left(\sum_{i=1}^n \prod_{j=1}^i \theta_{t+j} S_{t+j} \right) \qquad (6.5)$$

式（6.5）是政府的跨期预算约束条件，与即期预算约束不同的是，当政府满足跨期预算约束时即排除了政府借新债还旧债的旁氏博弈，此时当期政府债务等于以后各期财政基本盈余的现值之和。这意味着如果要偿还债务，政府不会一直保持财政预算赤字，应该在未来产生足够的盈余来偿还债务。跨期预算约束是理性借贷行为的基本要求，当政府满足跨期预算约束条件时，政府的债务行为受到两方面的约束：一种约束力量来自政府自身，政府在 t 期做出预算决策时，根据自身财务状况对未来总盈余做出预测，以此约束当期债务行为；另一种约束力量来自市场，政府的借贷规模受其还本付息能力的制约，投资者根据已有的政府财务信息考虑政府偿债能力，做出关于是否购买债务的决策，政府的债务行为受到市场力量的约束。

从汉密尔顿和弗拉文（Hamilton and Flavin，1986）开始，跨期预算约束一直被作为检验政府财政可持续与否的依据，一些学者用政府债务、政府支出与政府收入的时间序列进行了实证研究。当政府债务、政府支出与政府收入为平稳序列或者存在协整关系时，政府财政满足跨期预算约束，表明政府部门通过对未来现金流的预测判断，约束了债务行为，未来政府债务规模不会无限扩大，债务是可持续的。鲍恩（Bohn，2007）对用平稳性检验或协整检验判断财政可持续的合理性提出质疑，并证述当样本序列时间跨度趋于无穷大时，横截性条件永远满足，政府跨期预算约束会一直成立。鲍恩认为，若要政府跨期预算约束发挥作用，应检验政府基本盈余与债务水平的关系，如果政府盈余与债务之间存在正相关关系，即期债务规模增加，政府盈余也会增加，则表明为了维持扩大了的债务规模，政府部门在对未来期财政做预算时需增加基本盈余，而财政盈余能够提高资本形成率和生产率的增长，有利于促进经济增长，意味着跨期预算约束发挥制约政府债务行为的作用，债务可实现持续发展。

将式（6.1）变形：

$$T_t + \Delta M_t - G_t = (1 + i_t) B_{t-1} - B_t \tag{6.6}$$

$$S_t = (1 + i_t) B_{t-1} - B_t \tag{6.7}$$

令国内名义 $GDP_t = P_t Y_t$，P_t 与 Y_t 表示 t 期价格水平与实际国内生产总值。在长期内，当经济达到均衡状态时，债务与国内名义 GDP 比率保持不变，即 $\dfrac{B_{t-1}}{Y_{t-1}} = \dfrac{B_t}{Y_t}$，等式（6.7）两边同时除以国内名义 GDP，变形得：

$$\frac{S_t}{Y_t} = \rho_t \frac{B_t}{Y_t} \tag{6.8}$$

式（6.8）中，因子 $1 + \rho_t = \dfrac{1 + i_t}{(1 + \pi_t)(1 + g_t)} \approx i_t - \pi_t - g_t$；$g_t = \dfrac{\Delta Y_t}{Y_{t-1}}$，表示 t 期实际经济增长率；$\pi_t = \dfrac{\Delta P_t}{P_{t-1}}$，表示 t 期通货膨胀率；$\dfrac{S_t}{Y_t}$ 表示 t 期政府财政盈余率；$\dfrac{B_t}{Y_t}$ 表示 t 期债务水平。式（6.8）表示，当政府财政满足预算约束条件时，政府基本盈余率是关于债务负担率的函数。

令 $s_t = \dfrac{S_t}{Y_t}$，$b_t = \dfrac{B_t}{Y_t}$，考虑国际资本市场对一国债务可持续性的影响，引入国际资本市场影响因子，构建如下面板数据模型：

$$s_{it} = \alpha_i + \rho b_{it} + \beta F_{it} + \mu_{it} \tag{6.9}$$

式（6.9）中，b_{it} 表示随时间变化的个体特征，此处代表各个国家不同时期的债务水平；F_{it} 表示外生解释变量，代表国际资本市场因素；α_i 表示个体效应，代表各个国家不随时间而变的个体特征；μ_{it} 为随个体与时间变化的扰动项，假设 $\{\mu_{it}\}$ 是独立同分布的，且与 α_i 不相关。如果 $\rho > 0$，则表示如果一国政府部门债务增加，基本预算盈余也会增加，意味着政府为了对当期债务进行还本付息，维持债务的可持续性，在进行财政预算决策时产生足够的盈余，跨期预算约束条件对政府的借贷行为产生了影响。

6.3.2　实证方法

（1）单位根检验

本章研究从实证角度出发，根据经验推断，选取的样本国财政预算盈余与债务水平指标存在较为显著的截面相关性，此时面板单位根检验 p 值检验的统计量分布或渐进分布不再成立，第一代面板单位根检验方法失效，不能正确推断出面板数据的平稳性。全球资本市场提供的资金流对样本国家财政产生的影响属于共同因子的影响，当全球资本供给减少，样本国共同承担从国际金融市场融资难的问题；当全球资本供给增加，样本国融资成本降低，因此作为横截面的样本数据存在相关性，所以第二代面板单位根检验符合本研究实际应用需求。

本章采用基于残差检验的第二代面板单位根 PANIC 检验方法对样本国基本盈余和债务水平做面板单位根检验。PANIC 检验基于如下因子模型：

$$s_{it} = c_i + \boldsymbol{\lambda}_i' F_t + e_{it} \tag{6.10}$$

$$F_t = \alpha F_{t-1} + \mu_t \tag{6.11}$$

$$e_{it} = \gamma_i e_{it-1} + \varepsilon_{it} \tag{6.12}$$

其中，c_i 表示截距项；F_t 表示共同性成分，代表全球资本市场因素；$\boldsymbol{\lambda}_i$ 为因子载荷向量；e_{it} 表示个体特质因子，代表各个国家财政的特征因素；则 s_{it} 由截距项、共同因子成分和特质因子构成，表示国家财政可持续性受各国财政基本状况、全球资本市场和国家经济波动的影响。关于全球资本市场代表的公共因子对财政可持续性影响的解释，艾肯格林和豪斯曼（Eichengreen and Hausmann，1999）认为，经济体的财政政策与国际资本市场存在密切相关性，新兴经济体尤其明显，因为新兴经济体受自身经济发展条件的约束，经常会遇到国内资金供给不足的发展障碍，当政府发行国债融资时，由于国内资本短缺，在国内存在融资困难的问题，随着全球资本市场一体化的推进，新兴经济体转向全球资本市场融资。当新兴经济体向国际资本市场融资时，必然受到国际资本市场资本供给、利率、汇率的影响，因此新兴经济体在制定财政政策时，会将国际资本市场作为重要考虑因素。张晓峒和白仲林（2005）认为，由于共同的外生经济冲击（如石油价格的持续上涨）或各自的地缘经济因素（如经济资源禀赋）影响，绝大多数经济变量的跨国（或不同区域）面板数据存在确定性趋势，即横截面相关，面板数据纵剖面时间序列的退势处理将会区别面板退势平稳过程和面板单位根过程。

对式（6.10）取一次差分，得：

$$\Delta s_{it} = \lambda_i' \Delta F_t + \Delta e_{it} \tag{6.13}$$

其中，$\Delta s_{it} = s_{it} - s_{it-1}$，$\Delta F_t = F_t - F_{t-1}$，$\Delta e_{it} = e_{it} - e_{it-1}$，根据 PANIC 检验方法，对 Δs_{it} 做主成分分析，得到关于因子载荷的估计值 $\hat{\lambda}'$，共同因子的估计值 $\hat{\Delta F_t}$，通过 $\hat{\lambda}'$ 与 $\hat{\Delta F_t}$ 计算出 $\hat{\Delta e_{it}}$。之后分别对 $\hat{\Delta F_t}$ 与 $\hat{\Delta e_{it}}$ 在时间上叠加得到 $\hat{F_t}$ 与 $\hat{e_{it}}$。对每个个体 i 的 $\hat{F_t}$ 做单位根检验 $ADF_{\hat{F}}^C$，对 $\hat{e_{it}}$ 做单位根检验 $ADF_{\hat{e}}^C$，分别考察共同因子与特质性因子的平稳性。所以，PANIC 单位根检验为共同因子与特质因子平稳性检验提供判断依据的同时，还可以发现面板数据平稳性与各驱动因子的具体关系，鉴别引起面板数据非平稳的因素。

（2）协整检验

但面板数据非平稳时，直接去估计面板数据模型可能出现伪回归。在面板数据存在单位根的情况下，需要判断各变量之间是否存在长期均衡关系，即面板数据是否存在协整关系。如同面板单位根检验一样，进行面板数据协整分析的目的，也是为了找到一种比用单个时间序列协整检验更有效的检验。综合前人研究发现，在对截面相关的面板数据进行协整检验时，主要包括三种方法：第一种方法是提取共同因子法，消除面板数据的截面相关性因素。白和吴（Bai and Ng，2004）、穆恩和佩尔森（Moon and Perrson，2004）等人采用主成分分析方法提取共同因子后，消除截面相关的共同因子，用 ADF 检验判断面板数据的协整关系，卡佩塔尼奥斯（Kapetanios，2007）用动态主成分方法和参数状态空间动态法消除面板数据的截面相关性；第二类方法是用非线性工具变量法，由于非线性工具变

量的分布服从标准正态分布，具有良好的统计性，得到了广泛应用
（Chang，2002；杨继生和王少平，2009）。第三类方法是退势法与分块自
举法，昆施（Kunsch，1989）、帕帕罗迪斯和普利提斯（Paparoditis and
Politis，2001）类检验保留样本数据的截面相关性成分，经验证发现有良
好的检验功效。

　　PANIC 协整检验是一种基于残差的检验，作为检验截面相关数据协整
关系的一种重要方法，因为其灵活性，应用较为广泛。其原假设为不存在
协整关系，需要同时考虑共同因子和个体特质因子的情形，在构造 PANIC
检验统计量时可面临两种情况。

　　情形 1，共同因子 $F_t \sim I(1)$，特质因子 $e_{it} \sim I(0)$。在这种情况下，
共同因子 F_t 是引起面板数据非平稳的原因。如果两个面板数据协整，则意
味着共同因子 F_t 之间存在协整关系。基于系统秩情形构建 Johansen 似然比
统计量，在原假设下，统计量的极限分布为布朗运动的泛函：
$$\left[\int_0^1 W_r \mathrm{d}W'_r\right]\left[\int_0^1 W_r W'_r \mathrm{d}r\right]\left[\int_0^1 W_r \mathrm{d}W'_r\right] 。$$

　　情形 2：共同因子 $F_t \sim I(1)$，特质因子 $e_{it} \sim I(1)$。此时，基于回归
残差和系统秩构建检验统计量，面板数据的协整检验变为对共同因子和个
体特质因子退因子序列的协整检验。其中，对共同因子 F_t 的退因子序列构
建的检验统计量为 Pedroni 检验统计量，在原假设下，统计量的极限分布
为标准正太分布 $N(0,1)$；对特质因子 e_{it} 的退因子序列构建的检验统计
量为 Johansen 似然比统计量，在原假设下统计量的极限分布为布朗运动的
泛函：$\left[\int_0^1 W_r \mathrm{d}W'_r\right]\left[\int_0^1 W_r W'_r \mathrm{d}r\right]\left[\int_0^1 W_r \mathrm{d}W'_r\right]$。

　　综上所述，PANIC 检验过程如下：首先，使用主成分分析方法对面板
数据提取共同因子 F_t，然后分别对共同因子 F_t 和特质因子 e_{it} 做单位根检
验。其次，根据单位根检验结果对面板数据进行协整检验。如果共同因子
F_t 是 $I(1)$ 过程，e_{it} 是 $I(0)$ 过程，则构建 Johansen 似然比统计量进行检验，
确定共同因子 F_t 之间是否存在协整关系，如果共同因子 F_t 协整，则表明
原面板数据之间存在协整关系；如果共同因子 F_t 是 $I(1)$ 过程，e_{it} 是 $I(1)$

过程，则对原序列计算退因子序列，$\hat{E}_{it} = \sum_{s=1}^{t} \Delta \hat{e}_{is} = \sum_{s=1}^{t} (\Delta s_{it} - \lambda'_i \Delta F_t)$，对退因子序列构建 Pedroni 检验统计量进行协整检验，对公共因子 F_t 用 Johansen 似然比统计量进行协整检验。如果 Pedroni 统计量检验和 Johansen 统计量检验同时拒绝不存在协整关系的原假设，则认为变量之间存在协整关系，即存在长期稳定的均衡关系。

6.4 实证分析

6.4.1 样本与数据说明

近年来，随着新兴经济体的崛起，新兴经济体在世界经济格局中发挥的作用日益增大，对全球资本市场中资金的供给与需求产生了深刻影响。新兴经济体作为一个新集团，在全球经济规模中占据的比重越来越重要，改变了国际贸易格局，影响国际资本流动走势，重新界定世界经济格局，对推动国际金融稳定发挥了实质性的作用。尤其是 2008 年金融危机之后，全球经济陷入低谷，各个国家经济复苏缓慢，在全球经济走低的背景下，新兴经济体表现出强劲的复苏趋势，对全球经济复苏、维持全球经济持续发展做出了重要贡献，因此受到了世界关注。新兴经济体的经济逆周期发展，提高了其在全球经济中的地位，在世界经济格局划分中扮演的角色越来越重要。

本章借鉴前人相关研究，参考国际货币基金组织（International Monetary Fund）对新兴经济体的定义，选取 G20 中的 11 个发展中国家作为新兴经济体的代表。11 个国家包括阿根廷、巴西、中国、印度、印度尼西亚、韩国、墨西哥、俄罗斯、沙特阿拉伯、南非和土耳其。

根据理论分析，需要获取的数据为第 i 个样本国政府 t 期财政盈余率 s_{it} 与负债率 b_{it}。其中，$s_{it} = \dfrac{S_{it}}{Y_{it}} = \dfrac{T_{it} + \Delta M_{it} - G_{it}}{Y_{it}}$，表示政府财政基本盈余

率。其中，T_{it} 表示第 i 个样本国 t 期税收，$\Delta M_{it} = M_{it} - M_{it-1}$，表示第 i 个样本国 t 期增发货币量，G_{it} 表示第 i 个样本国 t 期不含债务利息的政府支出，Y_{it} 代表第 i 个样本国 t 期国内生产总值，$b_{it} = \dfrac{B_{it}}{Y_{it}}$ 表示第 i 个样本国 t 期的国债负担率。11 个新兴经济体 1990 年至 2013 年的相关研究数据来自世界银行统计网站、全球经济指标、国际货币基金组织网站。本章实证采用 Matlab R2014b 进行分析。

6.4.2 结果分析

鉴于理论模型部分的分析，考虑国际资本市场所代表的不可观测的公共因子对样本国的影响，采用基于截面相关假设的 PANIC 方法，对 11 个新兴经济体与样本国的国债负担率、初始盈余率面板数据做面板单位根检验。根据白和吴（Bai and Ng，2002）的 BIC 准则，不可观察的公共因子数目确定为 $r = 1$；根据吴和佩隆（Ng and Perron，1995）提出的 t-sig 方法确定 ADF 检验中的滞后阶数；通过蒙特卡洛模拟得到检验临界值。单位根检验结果如表 6.1 所示。

表 6.1 单位根 PANIC 检验结果

	公共因子	特质性因子	原序列
财政盈余率	−1.430	1.221**	8.317
	(0.127)	(0.036)	(0.301)
国债负担率	2.330	1.617**	5.700
	(0.495)	(0.036)	(0.529)

注：** 表示在 5% 的置信水平上显著；括号内的数值为 p 值。

根据表 6.1 的检验结果可知，新兴经济体样本国的财政盈余率的特质因子在 5% 的显著性水平下拒绝了存在单位根的原假设，特质因子具有平稳性，公共因子和原序列统计量接受存在单位根的原假设，公共因子和原序列具有非平稳性。由此可知，财政盈余率非平稳的公共因子导致财政盈余序列非平稳。债务负担率的特质因子在 5% 的显著性水平下拒绝了存在单位根的原假设,特质因子具有平稳性,公共因子和原序列统计量接受存在单位根的原假设,公共因子和原序列具有非平稳性。由此可知,财政盈余率非平稳的公共因子导致财政盈余序列非平稳。

由上述 PANIC 检验可以发现,新兴经济体样本国的初始盈余率与国债负担率均为非平稳面板数据,新兴经济体的国债负担率由非平稳的公共因子与平稳的特质因子构成,发达经济体的国债负担率由非平稳的公共因子与非平稳的特质因子构成。因此,可以认为,非平稳的公共因子是导致新兴经济体国债负担率非平稳的原因。此研究结论与伯恩(Byrne,2011)等的结论一致。此研究结果具有明显的政策含义,表明新兴经济体样本国债务政策具有实现自身可持续的趋势,而国债可持续性的波动性威胁主要来自不可观测的全球资本市场所代表的公共因子。国际资本市场的波动不受单个样本国国内各项政策的干扰,而此波动则是造成新兴经济体债务持续性波动的重要因素。

同时,经上述面板单位根检验可知,新兴经济体样本国政府盈余率、负债率的面板数据均为非平稳。共同因子非平稳,特质因子平稳,根据 6.3 节的理论分析,选择 Johansen 似然比统计量判断数据之间的协整关系,结果表明,新兴经济体样本国的初始盈余与债务之间存在协整关系,变量之间具有长期稳定趋势。当公共因子是非平稳的,且公共因子为一种不可观测的来自全球的共同趋势时,白等(Bai et al.,2009)在白和吴(Bai and Ng,2004)的基础上,提出了一种 CupBC(continuously-updatedand bias-corrected)估计方法,经蒙特卡洛模拟发现,在处理不可观察的共同因子时,CupBC 方法具有良好的小样本性质。我们采用白等(Bai et al.,2009)的方法对方程(6.9)进行回归,回归结果如下:

$$s_{it} = c_i + \underset{(2.930)}{0.034} b_{it} + \lambda_i F_t + \mu_{it} \tag{6.14}$$

回归结果表明,在考虑不可观察的全球资本市场的冲击影响时,新兴经济体样本国的初始盈余与债务存在正相关关系,债务水平增加,财政盈余增加;债务水平减少,初始盈余减少,根据理论分析,此结果表明样本国债务是可持续的。新兴经济体样本国债务率每增加 1 个单位,相应的政府财政盈余率增加 0.034 个单位，表明新兴经济体债务率增加 1 单位，政府为了在未来期限内有足够的财政盈余对债务进行还本付息，需要对当期财政盈余增加 0.034 个单位。因此，即期债务规模增加，政府盈余也会增加，表明为了维持扩大了的债务规模，政府部门在对未来期财政做预算时需增加基本盈余，表明跨期预算约束发挥制约政府债务行为的作用，债务可实现持续发展。第 3 章研究发现，财政盈余是影响国债可持续的重要因素，此结论进一步验证了第 3 章的研究结论。需要注意的是，由于不同国家财政支出构成存在差异，初始盈余增量与债务增加之间的关系不同。通常讲，一个国家的债务还本付息占财政支出比重越大，债务不可持续风险越大。

6.5 结论

本章在跨期预算约束条件下，考虑国际资本市场所代表的不可观测的公共因子对国家财政的影响，选取 11 个新兴经济体 1990 年至 2013 年的相关数据，采用基于截面相关假设的 PANIC 检验方法，检验国际资本市场对债务可持续性的影响，分析国际资本市场对新兴经济体债务可持续性的冲击影响。

实证结果显示，在考虑全球资本市场冲击影响下，新兴经济体样本国政府财政盈余与债务之间存在正相关关系，表明政府跨期预算约束发挥作用，样本国国债是可持续的。与此同时，PANIC 检验发现，新兴经济体的国债负担率由非平稳的公共因子与平稳的特质因子构成，非平稳的公共因子是造成新兴经济体国债可持续发展波动的原因，表明新兴经济体国债不可持续的威胁主要来自全球资本市场的冲击，平稳的特质因子是维持国债可持续的因素，新兴经济体样本国财政政策具有实现自身可持续的趋势。

7 人口结构转变对政府债务规模的影响

7.1 理论基础

人口结构转变理论是通过对西方国家经济发展过程中的人口资料和经济增长数据分析得到的。人口学家发现，英国、德国、法国等国家在工业革命时期经济发展迅速，人民生活水平不断提高，人口死亡率不断下降，随后人口出生率也开始下降，最后这些国家的人口由扩张逐渐趋于相对稳定的状态。西欧国家相似的人口发展历程被人口学家概括为人口转变学说。西方人口学家兰德里、金德伯克、布莱克、诺特斯坦、汤普森、赫里克等，先后对人口转变学说做出自己的贡献。以上人口学家对人口转变过程进行了不同的阶段划分，主要有三阶段人口转变模型、金德伯克－赫里克的四阶段人口转变模型和布莱克的五阶段人口转变模型，但后两种划分只是将前者进一步细分。诺特斯坦（1945）将人口发展历程划分为三个阶段，在第一阶段，人口转变特征表现为高出生率和高死亡率并存，此时社会处于比较低级的阶段；第二阶段整个社会的产出水平不断提高，人民生活水平有所改善，人口转变特征表现与第一阶段相比出生率和死亡率都开始下降，但死亡率下降得更快，人口的增长速度开始下降；第三阶段整个社会的产出水平提高，卫生医疗条件比较完善，人口特征表现为出生率和死亡率都下降，而且两者均处于较低的水平，但出生率仍表现为下降趋势，死亡率逐渐趋于稳定水平。

人口结构转变对政府债务的影响机制有两种：一是通过影响政府财政

直接对政府债务风险产生影响；二是人口数量与人口构成影响经济水平间接影响政府债务风险。其中相关的理论有三个。

7.1.1　人口数量与经济增长理论

第一次将人口与经济联系起来进行研究，而且在国际上最具影响的人口学家当属马尔萨斯。马尔萨斯（1798）以人类的生存离不开食物和两性间的情欲为前提，得出三个结论：一是人口的扩张受到生活物资的约束；二是人口会随着生活物资的不断丰富而增加；三是最终人口数量与生活物资相适应。20世纪30年代，凯恩斯也提出了一种人口理论，他认为，人口增长对提高资本边际效率具有促进作用，进而增加投资；经济危机的根本原因是有效需求不足，而资本的有效需求由三个因素决定：一是人口增长；二是生活水平；三是资本系数。美国经济学家西蒙（1977）认为，历史上经济繁荣的时期人口数量往往也是相对最多的。英国学者弗林（1979）研究表明，人口增长对经济发展具有促进作用。例如，英国在工业革命时期，如果人口得不到扩张，经济就不可能得以快速增长。以上是学者关于人口数量与经济增长之间关系的研究成果。

7.1.2　人口年龄结构与经济增长理论

人口年龄结构与经济增长关系的理论主要有人口红利理论、生命周期理论以及人力资本理论。"人口红利"（demographic gift）概念是大卫·E.布鲁姆（David E. Bloom）等学者在研究人口转变对经济增长的影响时提出的。此后，布鲁姆和芬利（Bloom and Finiay，2009）等明确提出人口年龄结构的变动所带来的人口红利对经济增长具有显著的促进作用，亚洲国家低出生率和低死亡率改变了人口年龄结构，带来的是亚洲经济的快速发展。当然，在我国也有许多学者对人口转变与人口红利关系进行了研究。《国家人口发展战略研究报告（2007）》中详细论述了人口年龄结构的变动规律：人口年龄结构依次由高少儿抚养比、低老年抚养比的高人口抚养比阶段到低少儿抚养比、低老年抚养比的低人口抚养比阶段，再到低少儿抚养比、高老年抚养比的高人口抚养比阶段。当人口年龄结构处于第二阶段时，整个社会的劳动年龄人口占总人口的比例较高，少儿、老年占人口总数比例较低，使得总社会抚养负担较轻，人口年龄结构富有生产性，因此第二阶段的人口年龄结构时期也称作"人口红利期"。当一个国家或地区正处于人口红利期时，人口结构主要通过三个途径促进经济发展：一是提供充足且廉价的劳动力，如果此时劳动力市场对劳动力需求较大，大量的劳动力能参与到生产性活动中，从而提高社会总产出水平。二是劳动工作者多，整个社会储蓄水平较高。如果居民储蓄能够有效地转化为投资，可提高社会总产出水平。三是由于老年人口占比较小，政府在社会保障方面的财政支出少，进而有更多的财政资金投入其他生产性活动中，对经济增长起到促进作用。其中与之相关的理论有：

（1）生命周期理论

莫迪利亚尼（Modigliani，1958）认为，个体在整个生命过程中总是面临着消费和储蓄的选择。理性消费者在决定自己的消费行为时，考虑的不仅是其现有的财富，而是将其一生的劳动收入作为预算约束，已达到整个人生的平滑消费。因此，当一个人处于生命中青年时，参加工作时间短，技能不够熟练，而又缺乏经验，因此其获得的工资报酬会很低，进而能够储蓄的部分也就不多；到了中年时期，由于工作技能的提高和经验的不断丰富，其工资报酬也会慢慢达到最大值，与此同时，个体已经考虑到退休后自己没有工作收入，因此就会增加储蓄；等到退休以后，没有工作收入，只能靠年轻时的储蓄消费。因此，个体在整个生命周期中的储蓄水平是倒"U形"的。这就是生命周期理论。从全社会的角度看，人口年龄结构的变动会对整个社会的消费和储蓄产生影响，而消费和储蓄投资都将直接对社会总产出水平产生影响。

（2）人力资本理论

经济学界一致认为，资本以两种形式存在，一是人体本身存在的资本即人力资本；二是物质形式的资本即物质资本。通常，我们会认为，劳动参与者的体力、知识、工作技能及工作经验等均属于个体的人力资本。人力资本理论并没有否定传统的人口理论，而是在其基础上进一步将人口特性进行细分，提出人口质量同样会对经济发展起到推动作用。在资本主义经济刚刚兴起的时候，亚当·斯密等经济学家就注意到劳动参与者的素质对经济发展至关重要，并做了简要的分析研究。但是，由于当时科技不发达，生产力水平低下等原因，劳动者素质对经济增长的促进作用并不十分明显。被誉为"人力资本之父"的舒尔茨（Schultz，1961）经过认真细致的分析研究，提出轰动一时的人力资本理论。人力资本理论主要有三方面内容：一是人在经济发展中起到至关重要的作用，经济发展得快慢不是由一个国家或地区所拥有的初始资源决定的，而是取决于劳动者素质的提高。二是人力资本理论成为当代经济学理论必不可少的一部分，人力资本是所有生产要素中最重要的要素之一。而且，人力资本对经济增长的作用要大于物质资本。三是人力资本的提高主要通过提高劳动者的知识、工作技能、丰富工作经验实现。对人力资本的投资应该以教育投资为主，该投资带来的经济效益要高于物质投资所带来的经济效益。舒尔茨人力资本理论的提出表明对人口与经济关系的研究，已经从传统的人口数量理论转变到人口质量经济理论。

7.2　影响机制

随着世界人口年龄结构的变化，学术界对人口老龄化的影响做了大量的研究。尤其是欧洲主权债务危机的暴发，使各界更清晰地认识到人口结构老龄化对政府债务风险的影响。在经济学中，人口老龄化是指一个社会老年人口占全部人口比例逐渐增大的过程。21世纪可以说是全球老龄化的世纪，发达国家在过去的几十年中人口不断老化，劳动者人数不断减少，退休人数不断增加，使得国家经济增长速度下降，财政收入减少。同时，领取养老金的人数不断增加，公共养老金支出占 GDP 的比重上升。这两个因素提高了发达国家的赤字水平，政府债务风险增加。

人口老龄化决定了社会上的劳动人口与非劳动人口的关系，通过一系列的作用，会导致国家经济发展滞后，国民整体收入水平下降。根据经济增长理论，决定一国经济增长的因素有劳动力、人力资本、物质资本、技术水平、制度及资源禀赋等。因此，判断一个国家经济增长趋势变化的转折点，关键在于是否有出现趋势性变化的因素。

希金斯和威廉姆森（Higgins and Willianson，1997）在分析研究亚洲经济发展时发现，自 1958 年以来，亚洲国家的储蓄率均维持在较高水平，并对这一时期亚洲经济的迅猛发展做出很大的贡献。这种现象主要是由于当时亚洲人口年龄结构中的少儿抚养比的降低，劳动年龄人口较多，社会储蓄率普遍较高。此外，希金斯和威廉姆森在对亚洲经济发展进行研究后得出结论，抚养比与储蓄率存在负相关关系。

林德和马尔姆贝格（Lindh and Malmberg，1998）研究发现，人口年龄结构对经济增长产生影响主要通过两个途径：一是影响储蓄率水平，二是影响社会投资水平。林德和马尔姆贝格在对亚洲 1970 年至 1995 年经济发展进行研究时发现，25 年亚洲平均 GDP 增长率均维持在 6.3% 的相对较高水平，其中，人口年龄结构变动对经济增长的贡献为 25% 至 33%。布鲁姆等（Bloom et al.，2003）在研究亚洲储蓄率对经济增长的影响时发现，储蓄率随着人口预期寿命的提高而增加，相对年轻人而言，老年人更偏好储蓄。布鲁姆等学者在研究人口转变对经济增长的影响时提出"人口红利"的概念。此后，布鲁姆等明确提出人口年龄结构的变动带来的人口红利，对经济增长具有显著的促进作用，亚洲国家低出生率和低死亡率改变了人口年龄结构，带来的是亚洲经济的快速发展。

舒尔茨（Schultz，2005）在对亚洲经济增长进行研究时，选取 16 个国家的数据进行分析，得出研究结论：一国或地区的人口年龄结构变动与储蓄率存在交互关系，并且回归的结果并不显著，但在研究人口年龄结构与储蓄率的关系时所选用的计量工具，对回归结果起到很大的决定作用。舒尔茨认为，人在经济发展中起到至关重要的作用，经济发展的快慢不是由一个国家或地区所拥有的初始资源所决定的，而取决于劳动者素质的高低。人力资本的提高主要通过提高劳动者的知识、工作技能、丰富工作经验实现。对人力资本的投资应该以教育投资为主，该投资带来的经济效益要高于物质投资所带来的经济效益。蔡昉（2004）在对中国经济增长数据进行研究时发现，人口红利的消失不利于我国经济增长，换言之，人口年龄结构的变动导致我国劳动力人口的减少，进而降低社会总产出。穆光宗（2008）认为，人口年龄结构变动所产生的人口红利促进经济增长是需要一定条件的。首先富有生产弹性的人口年龄结构在提供充足劳动力供给的同时，还必须有完善的社会机制（主要是引导就业）带来与高劳动年龄占比所应有的高储蓄率。其次，劳动力资源丰富、劳动力素质高以及整个社会的抚养负担较轻。这三者同时具备的时候，人口红利才能最大限度地对经济发展起到促进作用。王金营和付秀彬（2006）论述了人口年龄结构与消费的关系。他们认为，人口年龄结构中社会抚养比的提高，将会降低人均消费倾向，从而影响社会总产出。钟水映和李魁（2009）在研究社会抚养负担对经济增长影响时发现，我国人口年龄结构的变动主要从四个方面对居民储蓄率产生影响：一是老人在退休后没有工作收入，因此在年轻时增加储蓄；二是为了使子女接受更好的教育而进行储蓄；三是预防未来的不确定性而进行储蓄；四是刺激国内的消费及社会资本投资。因此，当前阶段居民的储蓄是为了应对未来的不确定性，当期的利率对储蓄影响较小，储蓄通过转化为有效投资进而影响经济增长。

7.2.1　对劳动力供给及劳动生产率的影响

人口的转变会带来总人口中劳动力数量的变化。劳动年龄人口通常在一定情况下会发生某些层面的动态变化，整体的人口规模下降，年龄结构趋于老化。从这个层面讲，在社会发展的进程中，人口老龄化通过上述两个渠道对经济运行模式产生一定的消极影响。

整体人口规模下降，使得国家面临的人力资源问题不断恶化，被抚养人口的数量出现较大幅度的增加，造成了社会的巨大负担。在人口年龄结构的构成上，15~64岁年龄段的人口具有一定的劳动能力，在社会的发展过程中可以成为劳动群体。抚养比是指劳动力与非劳动力的比例，即指人口老龄化和未成年人口与劳动人口的比例。而这一数值与未成年人和老年人的抚养比例之和相等。青年人作为社会中主要的劳动力，对一个国家来说，青年人减少就意味着劳动力的减少。人口老龄化的持续发展会带来劳动力资源的缺乏。

老年群体人员在社会总人口的比例日益增加，是人口老龄化的发展趋势之一。这一趋势使得适龄劳动人口减少，劳动能力降低，同时，在职的劳动人口的年龄也呈现出老化的趋势。两者结合起来从根本上加剧了社会的发展困局，随着这一形势的严峻发展，最终会使得劳动人口无法再满足人类的需求。通常情况下，抚养比数值越高，意味着劳动群体自身的压力越大，而这种状况也会在根本上影响整体的经济态势。

在理论研究中，通常认为人口老化对经济发展的负面影响主要从社会的生产要素和生产率两方面考虑。人口老龄化对劳动力的影响会导致社会生产中就业人口的规模变小，效率降低，尤其是对其劳动生产率的消极影响，在以往的研究理论中也是存在争议的。联合国数据显示：2009 年，已经有 12 个国家的老年人口比例超过 23 个百分点。这些发达国家的法定退休年龄为 65 岁，如丹麦、日本、德国等，这些国家在当前的国际经济发展中具有非常重要的地位，但是它们在一定程度上面临人口老龄化对生产率带来的负面影响。从根本上讲，促进一个国家劳动生产率的提升关系到很多因素，如一国的人口规模大小、人口素质水平的高低以及国家内部结构的协助发展程度等。

如果人口政策及其他相关政策不发生变化，适龄劳动力的数量会在老龄化的趋势下，逐步下降。劳动力不足就会带来产出的问题，虽然产出问题可以通过提高生产率，提高劳动的参与率解决，但是总体讲，老龄化必然会使劳动供给降低以及产出下降。

如果建立一个柯布–道格拉斯生产函数，K 表示资本，L 表示劳动力，A 表示技术进步，GDP 表示产出，则：$GDP = f(K, A, L)$，其中，$L = q \times EDU \times L$。

劳动供给（L）受三个因素影响，劳动生产率（q），该参数与劳动者的年龄有关；教育指数（EDU），以及工人的在职数量（L）。

老龄化发展趋势会降低劳动生产率。这主要是由于这一趋势对于经济发展的消极作用会呈现在生产的层面，劳动力中的高龄工作者会对生产效率形成制约作用。第一，处于高龄化劳动群体本身的机能开始慢慢衰退，人体机能的衰退意味着在工作中劳动速度会降低，应对问题的能力下降。第二，老龄劳动者会因为身体问题耽误工作，有时还需部门承担大量的医药费用。对一个企业来讲，年轻的劳动工作者是企业扩大规模、提升利润空间的动力，并最终影响企业的劳动生产效率。第三，老龄人口接受新鲜事物的速度慢，创新能力不足，业务水平的提升也会面临很大的困局，第四，青年群体对引领科技创新通常具有极大的热情，而很多重要的研究成果也都是在青年时期出现的，这对提高生产率有重要作用。

7.2.2 对储蓄的影响

老龄化背景下，发达国家国内储蓄率逐步下降，经常账户面临赤字。希金斯（Higgins，1997）的研究显示，65 岁以上老年人口比例增加后将使经常账户出现赤字，年龄越大，经常账户逆差就越大。人口在老龄前段，倾向于增加花费、减少储蓄，经常账户就会偏低甚至出现逆差。引发外部账户失衡。大萧条时期（20 世纪 30 年代）的"婴儿潮"从 2011 年起，开始进入退出阶段（并将持续至 2030 年），将成为影响美国储蓄率下降的重要因素。亚洲的发达国家中，日本的老龄化问题最为严重，劳动力人口仍然会继续下降，尽管资本外流与经常账户顺差的现象还将持续，但是顺差的比重会逐渐减少。

莫迪利亚尼的储蓄生命周期理论是研究人口年龄结构变化和储蓄率关系的基础。这个理论认为，人们在进入劳动力市场之前，更倾向于储蓄，为以后的生活提供保障，但是人们在退休之后，储蓄行为就会逐步消失。从储蓄生命周期理论讲，该理论的基本前提条件有：第一，个人没有继承人、没有遗产；第二，个人消费偏好只影响个人的消费水平，与他现如今具有的财富水平无任何关系；第三，资产的零利息率；第四，在个人退休之后，消费水平会处于均匀状态。

储蓄生命周期理论在此前提条件下得出六个结论：第一，平均收入增长率和人口年龄结构对一国储蓄水平起着关键性作用；第二，一个国家的行为习惯并不是影响一国储蓄率的关键性因素，也有可能是不同习惯的国家有着相同的储蓄率；第三，当收入水平和人口增长率的数值为零时，在较长的时期内，国民储蓄水平也为零；第四，财富与收入的比重和收入增长率存在负向关系；第五，遗产并不会累积到社会财富中；第六，在收入增长率一定的前提下，个人的工作年限对收入和储蓄水平有一定的影响。

根据以上结论可以得出，储蓄率受人口增长率的影响较大，但是前面已经提到该理论具有的前提条件是人口增长率必须是一个固定的比例，这个前提条件并不符合大部分国家的情况。因此，有学者提出要对生命周期理论进行改进，将人口年龄结构变量加入生命周期理论中，利用这个变量表示人口增长率变动情况。安多（Ando，1963）得出的结论是：个人的储蓄水平与收入增长率两者之间具有正向关系，而个人的储蓄水平与总人口和抚养比之间呈负向关系。当人口的年龄结构呈现老龄化趋势时，抚养比存在一定程度的上升，储蓄率就会明显下降，这一趋势会持续很长一段时间。同时，莱夫（Leff，1969）利用来自 74 个国家的具有代表性的数据，研究发现，对于储蓄率有显著影响的是人均国民收入、青少年抚养比和老年抚养率；阿罗（Arrow，1962）和宇澤弘文（Uzawa，1965）倡导的内生增长理论认为，人力资本非递减的边际收益是促进经济持续增长的根本原因。

7.2.3　对金融市场的影响

人口结构转变还可以通过影响金融市场的运作，进而影响经济总产出间接影响政府债务。人口是参与经济市场的基本要素，经济发展和资产需求以人口参与为基础，但是市场参与者通过不同的行为对金融市场造成影响，不能仅从供求关系分析人口结构与资产价格之间的关系。越来越多的理论可用来解释其相互作用的影响机制，比如生命周期假说、人口红利、资本资产定价模型、代际交叠模型。储蓄生命周期理论的基本观点是储蓄与年龄相关联，一个理性的消费者追求自己一生的效用最大化，会依据自身的劳动收入及遗产继承等可能性收入和预计未来的消费水平决定自己当期的消费和储蓄，同时会影响投资决策。一般来说，年轻时收入较低，还需要租房或者购买房产，所储蓄较少；中年时期收入稳步增加，储蓄较多；而在退休后开始消费储蓄，储蓄逐渐减少。生命周期资产选择的观点认为，投资者在年轻时需要消费的支出较多，可能没有储蓄投资股市或者追求固定的投资收益而拒绝股票投资；中年时期储蓄较多，对财富的欲望也最为强烈，对股票的需求较大；而步入退休期之后，投资者收入较低或者没有收入，需要支取储蓄或者退休金支付退休期的各项开销，比如，日常生活费用、医疗费用及旅行等。对风险的偏好程度降低，对股票等高风险资产采取风险厌恶的态度，转而投资收益稳定，风险偏低的金融资产。2008 年，美国投资公司协会（ICI）的投资者调查显示，各个年龄段的人口投资目的不尽相同，40 岁以下的投资者为子女教育，40 至 60 岁的中年人口为提高资产积累减少赋税，退休人口为当前收入。为教育费用和当前收入而投资的人都注重当下的稳定收益，会配置大部分低风险类金融资产。

与此同时，古典经济增长理论认为，生产增长率取决于劳动人均资本、生产技术变化及劳动年龄人口增长，生产技术决定劳动生产率，是影响 GDP 的重要因素，罗伊（Roy，2009）认为，1973 年之后，日本的 GDP 增长主要归因于劳动生产率的增长，而在美国，劳动生产率和劳动年龄人口增加是 GDP 增长的两大主要因素，而 GDP 的增长可以影响股市的发展，因此从劳动人口影响产出的角度看，人口结构变化影响总产出水平进而影响股市。从需求角度看，人们的消费随着年龄的变化而变化，比如，玩具、书本、手机、电脑、车、房子、人寿保险、医疗护理的消费，分别对应人一生不同的年龄阶段，许多行业与消费者年龄结构有着密切的关系，人口结构的变化对年龄敏感型的行业有显著影响，比如，新生婴儿较多的年代，对奶粉、尿不湿、童装的需求增加，可促进妇婴用品的行业发展；

当达到购房年龄的人口在某一段时间内突然增加时，将刺激房地产行业的发展。诸如此类的行业还有很多，对于不同年龄的消费群体独特的需求，人口结构变化将影响此类产品的需求，甚至相关行业的上市公司利润、行业发展前景，并由此影响到股市。

另外，人口结构影响股市供求关系。资产定价是供求关系导致股价波动的价值中枢。在资本资产定价模型中，股票价值取决于当期的现金股利，预期收益增长率及贴现率，当期现金股利和未来现金股利受企业的现金流、成本、支出、产出、预期增长率及税收的影响。这些因素又同时因人口结构的变化而变化，如产品需求影响现金流量，人口结构影响劳动力供给和成本、劳动生产率和企业净利润。部分人口老龄化严重的国家，需要支付高昂的养老费用和医疗费用，政府不得不增加税收弥补财政赤字，税收增加将影响企业的预期收益增长率。贴现率等于无风险利率加股票风险溢价，无风险收益率是对无信用风险和市场风险的投资回报率，也是对机会成本的补偿，年轻人要放弃消费要求相对低的补偿，老年人放弃消费要求高的补偿，所以年轻人人口比例较高时，无风险利率相对较低；而老年人人口比例较高时，无风险利率相对较高。风险溢价是投资收益率与无风险利率的差额，在遵从低风险低收益、高风险高收益的规律下，中年人口持偏好风险的态度，追求高收益，而老年人口厌恶风险，人口结构通过影响无风险利率和风险溢价从而影响贴现率，在资本资产定价模型中，人口结构通过不同方式最终影响股票价值。

布鲁姆和威廉姆森（Bloom and Williamson，1998）在研究东亚经济奇迹的时明确表示了人口结构转变将产生有利于经济增长的人口红利，即出生率和死亡率的降低给大多数发展中国家提供了生活水平迅速提高、经济快速发展的机会窗口。人口结构中，劳动年龄人口占比的上升是人口红利的主要来源，而人口老龄化会形成人口负债。生育率的降低导致劳动人口比需要抚养的少儿人口更加快速的增长，同时生育率降低使得妇女在劳动年龄期间有更多时间致力于经济生产以及人力资本的投资上。人口红利对经济增长的影响主要体现在三个方面：第一，劳动人口充足，企业单位雇佣成本降低；第二，家庭抚养负担较轻，费用支出少，储蓄率较高；第三，国家社会保障体系负担较轻，有利于国家财富的快速积累。人口红利最直接的表现形式为储蓄。劳动人口越多储蓄率越高，劳动人口需要在本期积累足够多的财富来支付老年时期的消费，老年时期储备的资产越多，国家的养老负担越轻。我国宏观经济课题研究组的最新研究得出：少儿人口抚养比上升 1% 将造成储蓄率下降 0.26%；老年人口抚养比上升 1% 将造成储蓄率下降 0.33%。由此可见，在人口红利时期劳动人口增加会带来储蓄率的增加，储蓄的增加会增加对股市的需求，同时，当人口红利转变为人口负债时，将会给资本市场造成消极的影响。另外，人口红利对股票市场的异质性影响主要因为发达国家的人口红利与资产价格相关性更强，发展中国家的人口红利与股市的直接关系较小，主要通过作用于经济增长进而影响股市。

7.2.4 对政府财政的影响

由于政府债务危机是公共财政状况长期负债引发的，人口老龄化对债务危机的影响主要通过财政收支实现。人口老龄化对公共财政状况的影响有两大渠道：支出渠道和收入渠道。从支出渠道看，随着人口老龄化进程加快，与老龄化相关的养老退休、医疗健康、长期护理等方面的公共财政支出将显著增加，从而推动公共财政支出总规模迅速上涨，并造成与老龄化相关的公共财政支出所占比重显著上升。从收入渠道看，人口老龄化会导致经济相对放缓，并产生一系列针对老年人口的税收优惠政策，从而导致税基缩减，财政收入相对减少的结果。但是人口老龄化对财政收入的影响有间接性特征，很大程度上取决于总体税负水平、税制结构、税收政策取向等制度性因素。

人口老龄化对政府财政支出的影响渠道有两方面：一方面，社会养老保障支出不断提高。寿命延长，导致老年人口领取的累计退休金增多，领取人数增加。根据国际货币基金组织的数据，2013 年，意大利、法国、德国在政府养老、老年人医疗方面的支出为全国 GDP 的 17%；另一方面，在发达国家中，人口老龄化的加剧会带动各种养老服务需求的增加。在经济快速发展的时期，老人与子女分开居住的方式得到人们的认可，传统的养老模式逐渐被社会养老所代替。随着社会上老龄人口的增加，养老问题越来越突出，为了保障老年人的晚年生活质量，政府需要提供更多的资金支持。国际货币基金组织曾进行了相应的研究和预测，到 2050 年全球大多数发达国家，超过 10% 的国内生产总值将用来支付数额巨大的养老金。

在人口老龄化程度较深的欧洲，公民的医疗花费存在不断上升的势头。完善的医疗体系要求素质高的专业从业人员。欧盟的医疗从业人员是所有工作职位的 10%，公共财政支出在该职位中的花费占到医疗预算的 70%。在全球老龄化背景下，各国需增加财政支出培养高素质医疗人员，为越来越多的老龄人口提供医疗服务。在医疗从业人员中也会存在人口老龄化问题，需要及时吸纳新人填补职位空缺。由于老年人发病率比较高，特别是包括高血压、糖尿病等需要进行长期治疗的老年病，费用支出相当高，老年人的人均医疗支出显著高于年轻人的人均医疗支出。特别是，美国和欧盟医疗卫生保障制度较健全的国家，医疗卫生支出大部分由政府财政负担，因此，随着人口老龄化程度的加深，必然意味着政府在医疗卫生条件等方面的财政负担相应加剧。

过多的老龄人口势必会占用大量的社会公共服务资源，从而影响经济的增长速度。西方发达国家，作为高福利制度的代表，高福利模式迫使政府加大对社会福利的投入，据欧盟的统计数字，2013 年欧盟国家的平均社会保障支出占 GDP 的 35%。世界银行数据显示：日本的医疗支出占国内生产总值的比例达到 10.07%、加拿大 10.93%、美国 17.91%、法国 11.75%、德国 11.28%、意大利 9.17%。2013 年日本的社会保障支出占总支出的 36.8%；2013 年，澳大利亚的社会保障支出占总支出的 37%，加拿大的社会保障支出占总支出的 49%。欧元区高福利制度的德国，2013 年社会保障支出已达到总支出的 55%。2000 年到 2012 年，部分发达国家的社会保障占财政收入的比重呈上升趋势。

由于人口老龄化导致经济增速放缓，企业竞争力下降，财政支出加大，会发生社会保障支出大于社会人口上缴的税收收入的情况。而随着人口老龄化的发展，政府会入不敷出。降低人们生活质量的措施是很难实行的，为了保持高水准的社会福利待遇及养老保障水平，加大公债监督、发售是各国政府选择的重要手段。

7.2.5 对养老支出的影响

人口老龄化影响着国家的养老水平，增加了政府的财政支出。在人口老龄化的进程中一个必然的结果就是参与劳动的人口比例相对缩小，退休人员的比例相对扩大，与此同时，缴纳养老金的人口比例相对缩小，领取养老金的人口比例相对扩大，养老金缺口增大。随着这种趋势性变化加剧，养老金缺口会越来越大，从而给政府通过财政支付填补缺口带来越来越大的压力。另外，人到了老龄时期，身体方面对医疗的需求会增加，给政府和社会带来了压力。

如今，"婴儿潮"时期的人面临着退休阶段，养老金领取人数快速增加，显然会对国家的养老金制度的持续发展带来挑战。值得注意的是，如果想维持现有的在职劳动人数"养"退休人数，就要保证两者未来的增加速度一致。里斯本会议预测未来 10 年的退休增长率为 1.2%。基于历史经验，考虑现如今在职劳动人口数量下降的实际，在 2010 至 2030 年，维持就业增长率和退休人口数量处于相同的水平是很难做到的。因此，针对现如今面临的人口老龄化对养老金的支付带来的财政压力，我们不得不进行养老金体制的重点改革，延长原有的法定退休年龄，增加劳动力的供给，这些措施会在不同的国家起到不一样的效果。未来 50 年，维护和发展老年社会足够的养老金支付已经成为发达国家，尤其是欧盟和日本等国家的关键任务和政府间合作的核心问题。

如今一些南欧国家的社会福利待遇水平极高，占 GDP 比高达 20%以上，尤其是希腊、爱尔兰等国家。经济向好时期，高福利政策不会出现什么问题，但是在经济增速下降时，高福利政策就会遇到障碍。金融危机后，希腊等国的 GDP 都是负增长的情况，加上劳动力弹性不足，极大地提高了失业率水平，增加了社会保障的开支，加重了政府的财政负担。

综上可见，人口结构老龄化可以通过对储蓄率、劳动力的供给和劳动生产率的影响，金融市场对经济发展产生消极影响，同时，随着人口老龄化的加剧，养老金支出和医疗保障性支出也逐渐增加，进而加重政府财政负担，人口结构老龄化最终通过这两种途径对政府债务风险产生影响。

尤其对于一些债务累积规模已经很庞大的国家，在人口结构老龄化的冲击下，政府债务风险势必受到更严重的影响。如果人口老龄化问题不能被有效地处理，那么经济稳定将受到威胁。同时，人口老龄化的影响范围广泛，对经济甚至政治的发展有着举足轻重的地位，21世纪是一个人口老龄化的世纪，全世界的国家都要注意。虽然当今世界经济的总产量较大，但是人口老龄化问题所带来的劳动力供给不足、生产率降低、社会性养老负担加剧等问题，将给全球性经济的可持续性发展造成巨大的障碍。

8 结论和建议

8.1 结论

本书从内生增长的视角出发,研究了国债可持续性的内生机制。

第一,可持续性的国债是一个动态过程,任何忽略具体宏观经济运行情况的静态趋同指标都不适合直接用来指导一个国家的国债政策。近年来,中国财政的基本盈余现值是引起国债可持续波动的重要原因,增发债务引起的波动相对较弱。

第二,通过对国债内生增长机制的研究发现,当政府以发行国债的方式为债务利息、公共消费与转移支付等非生产性财政支出融资时,国债融资对经济增长的贡献较弱,国债存在不可持续风险。在满足一定约束条件下,国债融资以生产性的公共投资进行支出时,有利于均衡经济增长率的提高,以此可以确保国债融资收益,在未来政府财政有足够的盈余对国债进行还本付息。实证检验表明,国债融资已成为公共投资的重要资金来源,中国现阶段国债融资的很大比重进入公共投资领域,为了维持国债的可持续状态,需促进国债融资向公共投资的合理转化。

第三,公共投资的经济效应研究表明,在私人物质资本边际产出率不变的条件下,公共人力资本投资与公共物质资本投资共同决定了长期经济增长率。公共人力资本投资对经济增长的贡献程度,取决于人力资本的外部效应与人力资本边际产出率的大小,政府物质资本对经济增长的贡献程度取决于政府物质资本的边际生产率。就中国经济发展的具体实践而言,经济增长与公共物质资本投资、公共人力资本投资、公共科技资本投资之间存在长期均衡关系。其中，公共物质资本投资对经济长期增长贡献显著且短期经济效果明显，政府公共人力资本投资和政府公共科技资本投资对经济长期总产出也存在显著正影响，但作用效果存在滞后性，不适于短期经济调控。

第四，对于新兴经济体而言，代表全球资本市场的公共因子是非平稳的，非平稳的公共因子是导致新兴经济体国债可持续波动的原因，新兴经济体国债不可持续的威胁主要来自全球资本市场的冲击，但新兴经济体的特质因子是平稳的，由此可见新兴经济体各国政策具有实现自身可持续的趋势，是维持国债可持续的重要保障。

第五，老龄化通过经济增长和政府财政两种路径对债务规模的增长影响显著，其作为不可回避的人口结构变化趋势，对于公共支出的冲击必然逐步加重。人口结构老龄化对于依靠"债务经济"模式发展的国家无疑是雪上加霜，甚至导致无法对到期政府债务还本付息，引发政府债务风险。

8.2　建议

第一，由于财政盈余现值是引起现阶段中国国债可持续波动的原因，债务发行引起的波动相对较弱，以此政府部门需要合理财政盈余，消除中国国债不可持续风险。国债规模虽然不能引起国债可持续的波动，并不表明可以无限制增发国债，鉴于中国庞大的债务总规模，对中国国债需要适度控制，以防发生债务风险。

第二，增加国债融资用于政府消费、转移支付等非生产性的支出时，不利于经济增长，国债存在不可持续风险。当增加国债融资用于生产性公共投资支出时，可以提高稳态时的经济增长率，以此可以确保国债融资收益，利于政府在未来一定期限内实现对国债的还本付息。政府发行国债融资时，需要考虑如何维持国债的可持续发展，实现在未来期限内对国债的还本付息，首先需要提高国债资金投资的经济效果，促进国债资金向公共投资的合理转化，注重公共投资在各个投资领域的有效配置，最大化公共投资的生产效应，维持经济的稳态高速运行，以此保障政府财政在未来有足够的资金对国债进行还本付息，实现国债的可持续发展。

第三，由于公共物质资本投资仍然是中国经济实现有效增长的重要推动力，中国尚处于经济转轨期，为保障经济增长由高速向平稳的新常态过渡，在未来很长一段时间内，仍然需要保持一定水平的政府公共物质资本投资，维持经济的均衡增长，以预防国债偿债高峰期到来时资金供给出现短缺，防止债务倒逼现象。同时，不应该以短期经济波动的视角评价中国人力资本投资与科学技术资本投资。这两类公共资本投资在未来一定期限内均可实现劳动者素质与劳动生产率的提高，有效提高经济增长效率与质量，推动经济实现长期内生稳定增长，为中国国债的偿付提供保障。因此，为了保证国债偿债资金供给的稳定性，有关政府部门需要合理调控公共投资领域，实现政府财政优化分配，促进社会经济稳定发展。

第四，对属于新兴经济体的中国而言，在享受国际资本带来经济利益的同时，需要密切关注国际资本带来的国债不可持续风险，提高对国际资本流动的管理与把控能力，建立识别国际资本流动风险的预警系统和防范措施。

第五，随着我国人口老龄化的加剧，根据前文分析，最终将会对我国政府债务规模和债务风险产生巨大压力。其中，养老金制度作为重要的中介传导机制，需根据我国实际情况继续深化改革，在保障老龄人口福利的同时，缓解政府财政压力，化解政府债务风险。在推进制度改革时，需要考虑区域发展、城乡差距、人口流动等因素的差异化影响，针对不同地区特征，有针对性地选择横向转移支付、养老金调剂、产业转移和跨区投资、人才回流激励等制度化解政府债务风险。

参考文献

[1] AFONSO A, JALLES J T. Growth and productivity: the role of government debt [J]. International review of economics and finance. 2013 (1): 384-407.

[2] AGUIAR M, GOPINATH G. Defaultable debt, interest rates and the current account [J]. Journal of international Economics, 2006, 69 (1): 64-83.

[3] AIZENMAN J, HUTCHISON M, JINJARAK Y. What is the risk of European sovereign debt defaults? Fiscal space, CDS spreads and market pricing of risk [J]. Journal of international money and finance, 2013, 34: 37-59.

[4] ALFARO L, KANCZUK F. Optimal reserve management and sovereign debt [J]. Journal of international economics, 2009, 77 (1): 23-36.

[5] ALFARO L, KANCZUK F. Sovereign debt as a contingent claim: a quantitative approach [J]. Journal of international economics, 2005, 65 (2): 297-314.

[6] AMMER J, CAI F. Sovereign CDS and bond pricing dynamics in emerging markets: Does the cheapest-to-deliver option matter? [J]. Journal of international financial markets, institutions and money, 2011, 21 (3): 369-387.

[7] AN C B, JEON S H. Demographic change and economic growth: an inverted-u shape relationship [J]. Economics letters, 2006, 92 (3): 447-454.

[8] ANDO A, MODIGLIANI F. The "life cycle" hypothesis of saving:

aggregate implications and tests〔J〕. American economic review, 1963
(53): 55-84.

〔9〕 ARROW K J. The economic implications of learning by doing〔J〕. The
review of economic studies, 1962, 29 (3): 155-173.

〔10〕 ASCHAUER D A. Do states optimize? public capital and economic growth
〔J〕. The annals of regional science, 2000 (3): 343-363.

〔11〕 BAI J, KAO C, NG S. Panel cointegration with global stochastic trends
〔J〕. Journal of econometrics, 2009 (1): 82-99.

〔12〕 BAI J, N G S. A Panic attack on unit roots and cointegration〔J〕.
Econometrica, 2004 (4): 1127-1177.

〔13〕 BARRO R J. Government spending in a simple model of endogenous growth
〔J〕. Journal of political economy, 1990 (5): 1-29.

〔14〕 BARRO R J. On the determination of the public debt〔J〕. The journal of
political economy, 1979 (5): 940-971.

〔15〕 BEIRNE J, FRATZSCHER M. The pricing of sovereign risk and contagion
during the European sovereign debt crisis〔J〕. Journal of international
money and finance, 2013 (34): 60-82.

〔16〕 BLOOM D E, BOERSCH-SUPAN A, McGee P, et al. Population
aging: facts, challenges, and responses〔J〕. Benefits and compensation
international, 2011, 41 (1): 22.

〔17〕 BLOOM D E, FINLAY J E. Demographic change and economic growth in
Asia〔J〕. Asian economic policy review, 2009, 4 (1): 45-64.

〔18〕 BLOOM D E, WILLIAMSON J G. Demographic transitions and economic
miracles in emerging Asia〔J〕. The World Bank economic review, 1998,
12 (3): 419-455.

〔19〕 BLOOM D, CANNING D, SEVILLA J. The demographic dividend: A
new perspective on the economic consequences of population change
〔M〕. Santaa Monica: Rand Corporation, 2003.

[20] BOHN H. Are stationarity and cointegration restrictions really necessary for the intertemporal budget constraint? [J]. Journal of monetary economics, 2007 (7): 1837-1847.

[21] BOHN H. The sustainability of fiscal policy in the United States [R]. CESifo Working Paper Series, 2005.

[22] BYRNE J P, FIESS N, MACDONALD R. The global dimension to fiscal sustainability [J]. Journal of macroeconomics, 2011 (2): 137-150.

[23] CANDELON B, PALM F C. Banking and debt crises in Europe: The dangerous Liaisons? [J]. De economist, 2010 (158): 81-99.

[24] BUCHANAN J M. Public principles of public debt: a defense and restatement [J]. Homewood, Ill: R D. Irwin, 1958.

[25] CANTOR R, PACKER F. Determinants and impact of sovereign credit ratings [J]. Economic policy review, 1996, 2 (2).

[26] CHANG Y. Nonlinear IV unit root tests in panels with cross – sectional dependency [J]. Journal of econometrics, 2002 (2): 261-292.

[27] CUTLER D M, POTERBA J M, SHEINER L M, et al. An aging society: opportunity or challenge? [J]. Brookings papers on economic activity, 1990 (1): 1-73.

[28] EDWARDS S. The demand for international reserves and monetary equilibrium: some evidence from developing countries [J]. 1984 (66): 495-500.

[29] EICHENGREENB, MODY A. What Explains Changing Spreads on Emerging-Market Debt: Fundamentals or Market Sentiment? [R]. New York: NBER Working Papers, 1998.

[30] EICHENGREEN B, HAUSMANN R. Exchange rates and financial fragility [R]. National Bureau Of Economic Research, 1999: 329-368.

[31] ENDERLEIN H, TREBESCH C, VON DANIELS L. Sovereign debt disputes: A database on government coerciveness during debt crises

[J]. Journal of international money and finance, 2012, 31（2）：250-266.

[32] ERDEN L, HOLCOMBE R G. The linkage between public and private investment: a cointegration analysis of a panel of developing countries [J]. Eastern economic journal, 2006（3）：479-492.

[33] FARUQEE H, MÜHLEISEN M. Population aging in Japan: demographic shock and fiscal sustainability [J]. Japan and the world economy, 2003, 15（2）：185-210.

[34] FLYNN J. Steady state policies for deterministic dynamic programs [J]. Siam journal on applied mathematics, 1979, 37（1）：128-147.

[35] FOUGÈRE M, MERETTE M, ZHU G. Population ageing in Canada and labour market challenges [R]. Ottawa: Human resources and skill development canada, 2006.

[36] FOUGÈRE M, MÉRETTE M. Population ageing and economic growth in seven OECD countries [J]. Economic modelling, 1999, 16（3）：411-427.

[37] FRANK N, LEY E. On the probabilistic approach to fiscal sustainability: Structural breaks and non-normality [J]. IMF staff papers, 2009（56）：742-757.

[38] GANDE A, PARSLEY D C. News spillovers in the sovereign debt market [J]. Journal of financial economics, 2005, 75（3）：691-734.

[39] GENBERG H, SULSTAROVA A. Macroeconomic volatility, debt dynamics, and sovereign interest rate spreads [J]. Journal of international money and finance, 2008, 27（1）：26-39.

[40] GHOSH A R, KIM J I, MENDOZA E G, et al. Fiscal fatigue, fiscal space and debt sustainability in advanced economies [J]. The economic journal, 2013, 123（566）：F4-F30.

[41] GIAN F M, ASSAF R. Current account sustainability: selected east

Asianand Latin American experiences ［R］. Yew York：NBER Working Paper Series，1996.

［42］ GLOMM G，RAVIKUMAR B. Public investment in infrastructure in a simple growth model ［J］. Journal of economic dynamics and control，1994 （6）：1173-1187.

［43］ GREINER A，KAUERMANN G. Sustainability of US public debt：estimating smoothing spline regressions ［J］. Economic modelling，2007 （2）：350-364.

［44］ GREINER A. Public capital，sustainable debt and endogenous growth ［J］. Research in economics，2012 （3）：230-238.

［45］ GREINER A. Public debt in a basic endogenous growth model ［J］. Economic modelling，2012 （4）：1344-1348.

［46］ HAMILTON J D，FLAVIN M. On the limitations of government borrowing：a framework for empirical testing ［J］. American economic review . 1986 （4）：808-819.

［47］ HANSEN A H. Fiscal policy ＆ business cycles ［M］. New York：W. W. Norton，1941.

［48］ HAUNER D，KUMAR M. Financial globalization and fiscal performance in emerging markets ［R］. Washington：IMF Working Paper，2005.

［49］ HIGGINS M，WILLIAMSON J G. Age structure dynamics in Asia and dependence on foreign capital ［J］. Population and development review，1997，23 （2）：261-293.

［50］ IM K S，PESARAN M H，SHIN Y. Testing for unit roots in heterogeneous panels ［J］. Journal of econometrics，2003，115 （1）：53-74.

［51］ JOSEPH K，WINTOKI M B，ZHANG Z. Forecasting abnormal stock returns and trading volume using investor sentiment：Evidence from online search ［J］. International journal of forecasting，2011，27 （4）：1116-1127.

［52］ KAPETANIOS G. Variable selection in regression models using nonstandardoptimization of information criteria ［J］. Computational statistics and data analysis, 2007 (1): 4–15.

［53］ KUNSCH HR. The jackknife and the bootstrap for general stationary observations ［J］. The annals of statistics, 1989 (3): 1217–1241.

［54］ LASSILA J, VALKONEN T. Population ageing and fiscal sustainability in Finland: a stochastic analysis ［J］. Bank of finland research discussion paper, 2008 (28).

［55］ LEE R, EDWARDS R. The fiscal effects of population aging in the US: Assessing the uncertainties ［J］. Tax policy and the economy, 2002 (16): 141–180.

［56］ LEFF N H. Dependency rates and savings rates ［J］. The American economic review, 1969, 59 (5): 886–896.

［57］ LERNER A P. Functional finance and the federal debt ［J］. Social research, 1943, 10 (1): 38–51.

［58］ LEVIN A, LIN C F, CHU C S J. Unit root tests in panel data: asymptotic and finite – sample properties ［J］. Journal of econometrics, 2002, 108 (1): 1–24.

［59］ LINDH T, MALMBERG B. Age structure and inflation – a Wicksellian interpretation of the OECD data ［J］. Journal of economic behavior & organization, 1998, 36 (1): 19–37.

［60］ LINDH T, MALMBERG B. Age structure effects and growth in the OECD, 1950–1990 ［J］. Journal of population economics, 1999 (12): 431–449.

［61］ LONGSTAFF F A, PAN J, PEDERSEN L H, et al. How sovereign is sovereign credit risk? ［J］. American economic journal: macroeconomics, 2011, 3 (2): 75–103.

［62］ MALTHUS T R. An essay on the principle of population: or, a view of its past and present effects on human happiness ［M］. London: Reeves and Turner, 1888.

［63］ MASSON P R, TRYON R W. Macroeconomic effects of projected population aging in industrial countries ［J］. Staff papers, 1990, 37 (3): 453-485.

［64］ MCCALLUM B T. Are bond-financed deficits inflationary? A Ricardian analysis ［J］. Journal of political economy, 1984, 92 (1): 123-135.

［65］ MEHL A, REYNAUD J. Risky public domestic debt composition in emerging economies ［J］. Journal of international money and finance, 2010, 29 (1): 1-18.

［66］ MILESI-FERRETT GM, RAZIN A. Sustainability of persistent current account deficits ［R］. New York: NBER Working Paper Series, 1996.

［67］ MITCHENER K J, WEIDENMIER M D. Supersanctions and sovereign debt repayment ［J］. Journal of international money and finance, 2010, 29 (1): 19-36.

［68］ MODIGLIANI F, MILLER M H. The cost of capital, corporation finance and the theory of investment ［J］. The American economic review, 1958, 48 (3): 261-297.

［69］ MODIGLIANI F. The life cycle hypothesis of saving, the demand for wealth and the supply of capital ［J］. Social research, 1966, 33 (2): 160-217.

［70］ MOON H R, PERRON B. Testing for a unit root in panels with dynamic factors ［J］. Journal of econometrics, 2004 (1): 81-126.

［71］ MUSGRAVE R A. Cost-benefit analysis and the theory of public finance ［J］. Journal of economicliterature, 1969, 7 (3): 797-806.

［72］ NG S, PERRON P. Unit root tests in ARMA models with data-dependent methods for the selection of the truncation lag ［J］. Journal of the American Statistical Association, 1995, 90 (429): 268-281.

[73] NOORD VD, HERD R. Pension Liabilities in the Seven Major Economies [R]. Paris: OECD Economics Department Working Paper, 1993, No. 142

[74] NOTESTEIN F W. Population – the long view [M]. In SCHULTZ T W. Food for the World. Chicago: University of Chicago Press, 1945: 36-69.

[75] PAPARODITIS E, POLITIS D N. Tapered block bootstrap [J]. Biometrika, 2001 (4): 1105-1119.

[76] PEACOCK A T, WISEMAN J. FRONT MATTER, The growth of public expenditure in the United Kingdom [M]. Princeton: Princeton University Press, 1961.

[77] PESARAN M H. A simple panel unit root test in the presence of cross–section dependence [J]. Journal of applied econometrics, 2007, 22 (2): 265-312.

[78] PHILLIPS P C B, Perron P. Testing for a unit root in time series regression [J]. Biometrika, 1988, 75 (2): 335-346.

[79] POLITO V, WICKENS M. A model–based indicator of the fiscal stance [J]. European economic review, 2012 (3): 526-551.

[80] REINHART C, CALVO G. When capital inflows come to a sudden stop: consequences and policy options [M]. In KENEN P, SWOBODA A. Reforming the International Monetary and Financial System. Washington DC: International Monetary Fund, 2000: 175-201.

[81] ROY A. The 21st – century metropolis: New geographies of theory [J]. Regional studies, 2009, 43 (6): 819-830.

[82] SCHULTZ R T. Developmental deficits in social perception in autism: the role of the amygdala and fusiform face area [J]. International journal of developmental neuroscience, 2005, 23 (2-3): 125-141.

[83] SCHULTZ T W. Investment in human capital [J]. American economic review, 1961, 51 (1): 1-17.

［84］ SIMON J L. The economics of population growth ［M］. Princeton：
Princeton University Press，2019.

［85］ SIMS C A. Macroeconomics and reality ［J］. Econometrica：journal of the
econometric society，1980，48（1）：1-48.

［86］ TAKEUCHI F. US external debt sustainability revisited：Bayesian analysis
of extended Markov switching unit root test ［J］. Japan and the world
economy，2010（2）：98-106.

［87］ TURNER D，GIORNO C，DE SERRES A，et al. The macroeconomic
implications of ageing in a global context ［R］. Pairs：OECD Economics
Department Working Paper，1998.

［88］ UZAWA H. Optimum technical change in an aggregative model of
economic growth ［J］. International economic review，1965，6（1）：
18-31.

［89］ WAGNER R E，WEBER W E. Wagner's law，fiscal institutions，and the
growth of government ［J］. National tax journal，1977，30（1）：59-68.

［90］ YAKITA A. Sustainability of public debt，public capital formation，and
endogenous growth in anoverlapping generations setting ［J］. Journal of
public economics，2008（3）：897-914.

［91］ YUE V Z. Sovereign default and debt renegotiation ［J］. Journal of
international economics，2010，80（2）：176-187.

［92］ 巴尔. 福利国家经济学 ［M］. 北京，中国劳动社会保障出版
社，2003.

［93］ 蔡昉. 人口转变、人口红利与经济增长可持续性：兼论充分就业如
何促进经济增长 ［J］. 人口研究，2004（2）：2-9.

［94］ 蔡昉. 中国老龄化挑战的供给侧和需求侧视角 ［J］. 经济学动态，
2021（1）：27-34.

［95］ 蔡增正. 教育对经济增长贡献的计量分析：科教兴国战略的实证依
据 ［J］. 经济研究，1999（2）：39-48.

[96] 陈建奇，张原．美国赤字政策演化路径及债务货币化风险研究：基于奥巴马新政背景的分析 [J]．世界经济，2010（5）：27-50．

[97] 陈时兴．政府投资对民间投资挤入与挤出效应的实证研究：基于1980—2010年的中国数据 [J]．中国软科学，2012（10）：169-176．

[98] 陈小亮，谭涵予，刘哲希．老龄化对地方政府债务的影响研究 [J]．财经研究，2020（6）：19-33．

[99] 陈彦斌，林晨，陈小亮．人工智能、老龄化与经济增长 [J]．经济研究，2019（7）：47-63．

[100] 丛树海，周炜，于宁．公共支出绩效评价指标体系的构建 [J]．财贸经济，2005（3）：37-41．

[101] 李嘉图．政治经济学及赋税原理 [M]．商务印书馆，2021．

[102] 都阳，封永刚．人口快速老龄化对经济增长的冲击 [J]．经济研究，2021，56（2）：71-88．

[103] 都阳，封永刚．人口快速老龄化对经济增长的冲击 [J]．经济研究，2021，56（2）：71-88．

[104] 杜彤伟，张屹山，李天宇．财政竞争、预算软约束与地方财政可持续性 [J]．财经研究，2020（11）：93-107．

[105] 樊纲．论"国家综合负债" [J]．经济研究，1999（5）：11-17．

[106] 付伯颖．人口老龄化背景下公共财政政策的选择 [J]．地方财政研究，2008（10）：25-29．

[107] 高建伟，邱菀华．现收现付制与部分积累制的缴费率模型 [J]．中国管理科学，2002（4）：83-86．

[108] 高培勇．关注中国财政风险的新变化 [J]．涉外税务，2006（2）：5-7．

[109] 葛延风，王列军，冯文猛，等．我国健康老龄化的挑战与策略选择 [J]．管理世界，2020，36（4）：86-96．

[110] 郭庆旺，贾俊雪．地方政府行为，投资冲动与宏观经济稳定 [J]．管理世界，2006（5）：19-25．

[111] 郭庆旺. 减税降费的潜在财政影响与风险防范 [J]. 管理世界, 2019（6）：1-10.

[112] 郭庆旺，吕冰洋，何乘才. 我国的财政赤字"过大"吗？[J]. 财贸经济，2003（8）：37-41.

[113] 郭玉清. 逾期债务、风险状况与中国财政安全：兼论中国财政风险预警与控制理论框架的构建 [J]. 经济研究，2011（8）：38-50.

[114] 何平. 中国养老保险基金测算报告 [J]. 社会保障制度，2001，3（3）.

[115] 贺菊煌. 人口变动对经济的影响 [J]. 数量经济技术经济研究，2003（12）：41-46.

[116] 胡湛，彭希哲. 应对中国人口老龄化的治理选择 [J]. 中国社会科学，2018（12）：134-155.

[117] 黄晓薇，黄亦炫，郭敏. 老龄化冲击下的主权债务风险 [J]. 世界经济，2017（3）：3-25.

[118] 贾康，张晓云，王敏，等. 关于中国养老金隐性债务的研究 [J]. 财贸经济，2007，28（9）：15-21.

[119] 贾康，赵全厚. 国债适度规模与我国国债的现实规模 [J]. 经济研究，2000（10）：46-54.

[120] 姜向群，杜鹏. 中国人口老龄化对经济可持续发展影响的分析 [J]. 市场与人口分析，2000（2）：1-8.

[121] 凯恩斯. 就业、利息和货币通论 [M]. 北京：商务印书馆，2005.

[122] 李丹，方红生. 中国居民储蓄、财政空间与政府债务可持续性 [J]. 世界经济，2021（6）：27-49.

[123] 李敏，张成. 中国人口老龄化与养老金支出的量化分析 [J]. 社会保障研究，2010（1）：17-23.

[124] 梁琪，郝毅. 地方政府债务置换与宏观经济风险缓释研究 [J]. 经济研究，2019（4）：18-32.

[125] 廖楚晖. 政府教育支出区域间不平衡的动态分析 [J]. 经济研究，

2004（6）：41-49.

[126] 林伯强. 外债风险预警模型及中国金融安全状况评估 [J]. 经济研究，2002（7）：14-23.

[127] 刘秉镰，武鹏，刘玉海. 交通基础设施与中国全要素生产率增长：基于省域数据的空间面板计量分析 [J]. 中国工业经济，2010（3）：54-64.

[128] 刘昌平. 中国新型农村社会养老保险制度研究 [J]. 保险研究，2008（10）：38-41.

[129] 刘尚希. 财政风险：从经济总量角度的分析 [J]. 管理世界，2005（7）：31-39.

[130] 刘尚希. 财政风险：一个分析框架 [J]. 经济研究，2003（5）：23-31.

[131] 刘生龙，郭炜隆. 人口老龄化与经济增长：基于 OECD 与金砖四国跨国面板数据的实证结果 [J]. 老龄科学研究，2013（7）：13-23.

[132] 刘迎秋. 论中国现阶段的赤字率和债务率及其警戒线 [J]. 经济研究，2001（8）：3-14.

[133] 刘永平，陆铭. 放松计划生育政策将如何影响经济增长：基于家庭养老视角的理论分析 [J]. 经济学（季刊），2008（3）：1271-1300.

[134] 刘哲希，王兆瑞，陈小亮，等. 外债规模、政府债务风险与经济增长 [J]. 财经研究，2022（6）：4-18.

[135] 娄洪. 长期经济增长中的公共投资政策：包含一般拥挤性公共基础设施资本存量的动态经济增长模型 [J]. 经济研究，2004（3）：10-19.

[136] 卢文鹏，尹晨. 隐性担保、补偿替代与政府债务：兼论我国的财政风险问题 [J]. 财贸经济，2004（1）：55-61.

[137] 鲁全. 欧债危机是社会保障制度导致的吗?：基于福利模式与福利增长动因的分析 [J]. 中国人民大学学报，2012，26（3）：94-102.

[138] 罗云毅. 财政赤字率和债务率：马约标准与国际安全线 [J]. 宏观

经济研究，2002（10）：44-48.

[139] 吕冰洋，曾傅雯，涂海洋，等．中国财政可持续性分析：研究框架与综合判断［J］．管理世界，2024（1）：1-20.

[140] 马拴友，于红霞，陈启清．国债与宏观经济的动态分析［J］．经济研究，2006（4）：35-46.

[141] 马拴友．中国公共部门债务和赤字的可持续性分析：兼评积极财政政策的不可持续性及其冲击［J］．经济研究，2001（8）：15-24.

[142] 马拴友．中国公共资本与私人部门经济增长的实证分析［J］．经济科学，2000（6）：21-26.

[143] 马宇，王群利．人口老龄化对政府债务风险影响的实证研究：基于20个发达国家动态面板数据的分析［J］．国际金融研究，2015（5）：46-55.

[144] 毛捷，马光荣．政府债务规模与财政可持续性：一个研究综述［J］．财政科学，2022（11）：10-41.

[145] 穆光宗．中国的人口红利：反思与展望［J］．浙江大学学报（人文社会科学版），2008，38（3）：5-13.

[146] 潘宏胜．美国公共债务的可持续性分析［J］．经济社会体制比较，2010（4）：67-72.

[147] 裴育．构建我国财政风险预警系统的基本思路［J］．经济学动态，2003（9）：26-29.

[148] 瞿旭，王隆隆，苏斌．欧元区主权债务危机根源研究：综述与启示［J］．经济学动态，2012（2）：87-93.

[149] 司明，孙大超．发达国家主权债务危机成因分析及启示：基于贝叶斯模型平均方法的实证研究［J］．中南财经政法大学学报，2013（4）：86-92.

[150] 斯密．国民财富的性质和原因的研究［M］．北京：商务印书馆，1972.

[151] 孙涛，张晓晶．开放视角下的国家综合负债风险与市场化分担

[J]. 经济研究, 2007 (7): 64-73.

[152] 王晓军, 米海杰. 养老金支付缺口: 口径、方法与测算分析 [J]. 数量经济技术经济研究, 2013, 30 (10): 49-62.

[153] 王金营, 付秀彬. 考虑人口年龄结构变动的中国消费函数计量分析: 兼论中国人口老龄化对消费的影响 [J]. 人口研究, 2006, 30 (1): 29-36.

[154] 王晓军. 对城镇职工养老保险制度长期精算平衡状况的分析 [J]. 人口与经济, 2001 (1): 39-41.

[155] 吴国起, 韩玲慧. 欧元区国家财政风险原因探析及其启示 [J]. 中国财政, 2011 (6): 67-69.

[156] 武亚兰, 王哲. 日本养老金制度改革的分析与借鉴 [J]. 北方经济, 2008 (4): 20-21.

[157] 杨继生, 王少平. 基于广义工具变量法的综列单位根检验 [J]. 系统工程理论与实践, 2009 (4): 111-118.

[158] 杨娟. 老龄化中国人口红利实现的可能性与途径探讨 [J]. 南方经济, 2012 (1): 71-82.

[159] 姚益龙, 林相立. 教育对经济增长贡献的国际比较: 基于多变量VAR 方法的经验研究 [J]. 世界经济, 2005 (10): 26-32.

[160] 余永定. 财政稳定问题研究的一个理论框架 [J]. 世界经济, 2000 (6): 3-12.

[161] 余永定. 从欧洲主权债危机到全球主权债危机 [J]. 国际经济评论, 2010 (6): 14-24.

[162] 袁志刚, 葛劲峰. 由现收现付制向基金制转轨的经济学分析 [J]. 复旦学报 (社会科学版), 2003 (4): 45-51.

[163] 约翰·斯图亚特·穆勒. 政治经济学原理 [M]. 商务印书馆, 2009

[164] 岳薇薇. 基于债务危机视角的希腊公共养老金改革研究 [D]. 上海上海交通大学, 2012.

[165] 张春霖. 如何评估我国政府债务的可持续性? [J]. 经济研究, 2000

（2）：66-71.

[166] 张军，厉大业．美国政府债务长期可持续性分析：基于一般均衡条件下的代际预算约束模型［J］．国际金融研究，2011（8）：34-40.

[167] 张士斌，黎源．欧洲债务危机与中国社会养老保险制度改革：基于公共养老金替代率视角的分析［J］．浙江社会科学，2011（11）：83-90.

[168] 张士斌，杨黎源，张天龙．债务危机背景下的老龄化成本与公共财政困境：基于日本和欧美国家比较的视角［J］．现代日本经济，2012（5）：55-64.

[169] 张舒英．日本人口老龄化与社保制度改革［J］．求是，2013（6）：55-56.

[170] 张舒英．日本人口老龄化与社保制度改革［J］．求是，2013，（6）：55-56.

[171] 张晓峒，白仲林．退势单位根检验小样本性质的比较［J］．数量经济技术经济研究，2005（5）：40-49.

[172] 赵志耘，吕冰洋．政府生产性支出对产出-资本比的影响：基于中国经验的研究［J］．经济研究，2005（11）：46-56.

[173] 郑秉文．欧债危机下的养老金制度改革：从福利国家到高债国家的教训［J］．中国人口科学，2011（5）：2-15.

[174] 郑秉文．欧债危机对养老金改革的启示：欧洲养老金制度存在缺陷［J］．中国社会保障，2012（1）：29-31.

[175] 钟水映，李魁．劳动力抚养负担对居民储蓄率的影响研究［J］．中国人口科学，2009（1）：42-51.

[176] 周茂荣，骆传朋．我国财政可持续性的实证研究：基于1952—2006年数据的时间序列分析［J］．数量经济技术经济研究，2007（11）：47-55.

[177] 周茂荣，杨继梅．"欧猪五国"主权债务危机及欧元发展前景

［J］. 世界经济研究，2010（11）：20-25.

［178］朱德云，王素芬 . 人口老龄化对地方政府债务可持续性影响研究

［J］. 财政研究，2021（4）：76-89.

［179］竹志奇，任金凤，张平 . 人口老龄化与地方政府债务风险：基于财政

"四本账"的机制梳理与综述［J］. 财政研究，2022（8）：97-113.